贈る心得。

ご縁結びのスイーツ

裏地桂子

講談社

とらやの
「兎饅《うさぎまん》」

多産のうさぎは古くからの縁起物。1080円（１箱２個入り）●赤坂本店／東京都港区赤坂4-9-22　☎03-3408-4121（代）取り寄せ不可　※４日前までに要予約。写真は紅で、白もあり。組み合わせ自由。

ラデュレの
「ルリジューズ ローズ・フランボワーズ」

大小２つのシューを重ねたお菓子。
864円　●銀座店／東京都中央区銀座4-6-16 銀座三越２階　☎03-3563-2120　取り寄せ不可　（※ローズ・フランボワーズの販売は不定期。味は季節により異なる）

藤《ふじ》江《え》屋《や》分大《ぶんだい》の「めで鯛《たい》もなか」

明石鯛をモチーフにしたもなかは、お祝い事にぴったり。中にはたっぷりのこしあんが入っています。
162円（1個）、918円（5個入り）～　●兵庫県明石市本町1-12-17
☎0120-025-355　取り寄せ可

緑寿庵《りょくじゅあん》清水《しみず》の「玉あられの金平糖」

引き菓子として名高い金平糖の逸品。上から時計回りに、紫蘇、梅、桃。3672円（３種・桐箱入り）●京都市左京区吉田泉殿町38-2 ☎075-771-0755　取り寄せ可　※商品の有無は事前に問い合わせを。

鍵善良房《かぎぜんよしふさ》の「菊寿糖《きくじゅとう》 紅白」

菊の形をしたおめでたい干菓子。840円（20個入り）、1500円（28個・木箱入り）●京都市東山区祇園町北側264 ☎075-561-1818　取り寄せ可　※通常は白のみ。紅白は10日前までに要予約。

ラ・パティスリー・デ・レーヴの
「ミルフィーユ　オ　フレーズ」

いちごを使ったクリームとさくっとしたパイを重ね、ほんのりとした酸味がクセになります。1080円（6個入り）　●京都市東山区高台寺北門前通下河原東入ル鷲尾町518　☎075-533-7041　取り寄せ不可

フェアリーケーキフェアの
「ストロベリーチーズケーキ」

チーズ風味のカップケーキにいちごとチーズクリームをトッピングして華やかに。430円（1個）　●東京都千代田区丸の内1-9-1 JR東日本東京駅構内地下1階　☎03-3211-0055
取り寄せ不可

オーボンヴュータンの「バアルブ ア パパ（フレーズ）」

ドライフルーツをちらした、ふわふわの綿菓子。ほんのりといちご風味で、口に運ぶと一瞬にして溶けてしまいます。540円（1個）●東京都世田谷区等々力2-1-14 ☎03-3703-8428 取り寄せ不可

フィオレンティーナ ペストリーブティックの「イチゴメレンゲ」

小枝のように細くのばしたメレンゲは、かりっと軽い食感といちごの甘酸っぱい味わいが魅力。518円（1箱60g）●東京都港区六本木6-10-3 グランド ハイアット 東京1階 ☎03-4333-8713 取り寄せ不可

セバスチャン・ユベールの
「マカロン」

仏・アルザス地方ストラスブールの工房から直輸入。(左)フルール・ドランジェ(右)ペタル・ド・ローズ各280円（１個） ●東京都渋谷区代官山町18-6 ヴォーグ代官山１階 ☎03-5428-5617 取り寄せ不可

ピエール・エルメ・パリの
「ミス グラグラ イスパハン」

ローズ風味のライチソルベとフランボワーズソルベをマカロンでサンドした、冷たいオリジナルスイーツ。756円（１個） ●東京都渋谷区神宮前5-51-8 ラ・ポルト青山１階・２階 ☎03-5485-7766 取り寄せ可

贈る心得。

ご縁結びのスイーツ

はじめに

子どもの頃から、誕生日プレゼント、クリスマスプレゼント、おみやげなどに心躍らせたことを覚えています。大人になってからは、いろいろな方に贈り物をするのが好きで、その贈り物のセンスを認められて、現在では、「ギフトコンシェルジュ」が私の仕事のひとつになりました。クライアントの要望に合わせて、最適なギフトを提案する仕事です。たとえば、新聞、雑誌、テレビなどの特集でテーマに合わせたギフトを選んでくださいという依頼もあります。自分の感性そのものを仕事にできる幸運に恵まれたことに、感謝しています。

私がギフトを選ぶときに一番大切にしていることは、〝気持ちを贈る〟こと。「ありがとう」「おめでとう」「お大事に」「よろしくお願いします」「ごめんなさい」などの言葉を贈り物に託しています。

プライベートでも、折に触れてさまざまな贈り物をしてきましたが、手みやげには、断然「スイーツ！」です。手みやげは手から手へ、面と向かって直接手渡しするもの。スイーツはお贈りした相手が召し上がったときに、みなさんにっこりなさるというか、〝口福〟をお福分けできるので、おすすめなんです。

だからこそ、何を選ぶかはセンスが問われますよ。私は、プチプライスのものからきちんと包装されたブランドものまで、老若男女いろいろな方に、さまざまなスイーツを手みやげにおもちします。そして、そこから、素敵なご縁が広がっているのです。手みやげは、普段口にしづらい気持ちを伝える大切なコミュニケーションツール。日々の暮らしのなかで、もっと上手に手みやげを活用してみませんか？

この本の中で、私が実践してきた手みやげの心得や、お気に入りの品々をお伝えできれば嬉しいです。

贈る心得。ご縁結びのスイーツ——目次

口絵　ピンクスイーツ

第1章

手みやげチャンス別 好感度UPスイーツ

第2章

自分の鉄板手みやげをもつことが大切！

第3章

1000円以下が魅力のプチプラスイーツ

第4章

「手みやげの達人」と呼ばれるまで

掲載商品のデータは2015年1月現在のものです。
定価は8%の消費税込みの金額です。
規格や定価などは変更になる場合もありますので、ご了承ください。

序章

手みやげは最高のコミュニケーションツール

心を込めて選んだ手みやげは、相手との距離を確実に縮めてくれます。手みやげを通して伝わる温かい気持ちに、誰もが嬉しくなるんです。手みやげひとつで、人の気持ちは動きます。「また会いたい」「もっと仲よくなりたい」と好意をもってもらうことや、「気が利く人」「常識のある人」と自分への評価を上げることだってできるんです。だけど、ただ心を込めるだけではダメ。ポイントは、選び方にあります。

ギフトコンシェルジュという仕事柄、私のもとには、ギフトに関するたくさんの相談が寄せられます。初対面の方に渡す手みやげ、企業がイベントで来場者に配る手みやげ、あるいはＶＩＰが外交シーンで渡す手みやげ……。私が相談を受けたときにまずお聞きするのは、贈る側、贈られる側のプロフィールと、おふたりの関係性です。贈る側は、相手に喜んでいただきたいと真剣に考えています。その気持ちのなかには、相手にこんなふうに思われたい、こんなふうに評価されたい、という気持ちだってもちろんあります。

たとえば、ボーイフレンドの実家を初めて訪問するときに、ご両親にお渡しする手みやげを選ぶなら、〝流行に敏感な女性〟と思われるより、〝育ちのいい女性〟と思われるような手みやげのほうがいいですよね。仕事相手の職場を訪問するなら、〝育ちのいい人〟と思われるより、〝気の利く人〟と思われるような手みやげのほうが、いい関係を築いていけそうです。「もっていかないのは失礼だから」という消極的な理由より、積極的に下心をもつほうが私はいいと思います。数千円のちょっとした手みやげが、人生を変えるきっかけになるかもしれないんですよ。

でもその前に踏まえておきたいのが、手みやげ選びのポイントです。

まず、自分が食べたことのないものは、手みやげにしないでください。日本では手みやげをお渡しする際に、「つまらないものですが」と謙遜《けんそん》する定番の口上がありますが、私はあえて使わないようにしています。自分が食べて美味しいと感じたもの、いいなと思ったものだからこそ相手に食べてもらいたい、と願うことは、決して失礼なことではありません。だから私はいつも、「とっても美味しいんですよ」「ふわっとした食感がいいんです」と言葉を添えます。人からすすめられたから、有名店のスイーツだからという理由だけで選ぶようでは、せっかくの機会を生かせません。一生懸命に選んだ品物を、自信をもって相手にお渡しすることで、ご縁が結べるんです。私が紹介するスイーツを手みやげにする場合も、ぜひ事前にご自身で食べてみてくださいね。美味しいと思う感覚は、人それぞれですから。自分の心と舌で納得のいくものを選ぶことが、私にとっては、もっとも大切にしたいルール。そのスイーツのセールスポイントを自分の言葉で伝えることができれば、受けとった方は「自分のために、いいものを選んでくれた」と、ますます嬉しい気持ちになるはずですから。

2つめのポイントは、受けとった方の手をわずらわせないものを選ぶこと。フルーツやホールケーキのようにカットする必要があるものは、人によって、あるいは時と場合によって、負担に感じる方もいらっしゃいますので、よほど親しい間柄でないかぎり避けたほうがいいでしょう。たとえば、ようかんもいまはひと口サイズの個包装のものが出ています。手みやげにするなら断然そちらがおすすめです。

3つめのポイントは、話のネタになるようなものを選ぶこと。たとえば、桃の節句の時期には、それにまつわるスイーツを手みやげにすると、「もうすぐお雛様《ひなさま》ですね」などと雑談するきっかけになります。あるいは、自分の出身地のお菓子。私なら四国・愛媛《えひめ》県のものを用意して、「愛媛県出身なので地元のスイーツをおもちしました」と言ってお渡しすれば、「あら、愛媛県のどちらですか?」「以前、道後温泉に行きましたよ」などと自然に話題が広がります。どんな手みやげがどんな会話のきっかけになるかについても書きましたから、ぜひ参考にしてください。

ところで手みやげには、どうしてスイーツがいいのでしょう。ご存じの方も多いと思いますが、贈り物には〝消えもの〟というジャンルがあります。受けとった方の手元でいずれ消えていくもの。食品やドリンク類、お花もそうですね。私はよほど親しい相手でなければ、贈り物には、消えものをおすすめしています。残るものは趣味がありますから、何を選ぶかが本当に難しいですし、受けとった方も好みでないものは、扱いに困ってしまいます。その点消えものなら、仮に好みでないものを贈られたとしても、深刻なことにはなりません。消えもののなかでもスイーツは、幸せな気持ちを運んでくれる食べ物です。落ち込んでいるときや疲れているときも、人を優しい気持ちにしてくれますから、手みやげにぴったりですよね。

私が贈り物を選ぶときに大切にしているのは、ハッピー感です。贈る人も贈られる人もひとつの〝もの〟を通じてハッピーな気分になれること。互いの笑顔は互いの心の壁をとり払ってくれます。スイーツは、ハッピーな気分になれる贈り物の筆頭格。とりわけ巻頭のページで紹介した、〝ピンクスイーツ〟は最強です。ピンク色をまとったスイーツは、眺めているだけでワクワク！　箱を開けたとたん、周囲にぱあっと幸せな気分が広がっていくようです。贈る人、贈られる人どちらもハッピーな気分にする、まさに最強のご縁結びのスイーツ。ここ一発の勝負時や、手みやげ選びに迷ったときの秘密兵器としても使えますから、ぜひ覚えておいてください。

手みやげは、贈る人の気持ちを伝える重要なコミュニケーションツールです。その効果は数字で示せるものではありませんが、相手が喜んでくれたなら、きっといい人間関係を築いていく第一歩となるはずです。

身だしなみを整えることも大切ですし、話し方を変えることも効果があると思います。だけどもっとも気軽に、そして手頃に始められるのが、手みやげスイーツ。この本で〝手みやげ力〟をしっかり鍛えて、いいご縁を結びましょう！

第1章
手みやげチャンス別
好感度UPスイーツ

バレンタイン、ホワイトデーは年に一度の勝負時

バレンタインデーは、身近な人に気持ちを伝えるいい機会です。この日にチョコレートを受けとって、イヤな気分になる人はいないと思います。だからもっと、積極的にチョコを贈りませんか。渡す相手は男性でも女性でもいいのです。

たとえば、お世話になっている方には感謝の気持ちを伝えるためのチョコを。それって〝義理チョコ〟でしょう? と言わないでくださいね。私は、義理で贈り物をしません。このチョコは、素直な感謝の気持ちで贈るもの。食事をごちそうになったり、仕事で便宜を図ってくれたりした人に、お礼のつもりですぐにデパートの商品券などをお渡しすると、「そんなつもりではなかったのに」と、相手を戸惑わせてしまうこともあります。好意をありがたく受け止めるだけのほうがいい場合も多いのです。だけど、感謝の気持ちも伝えたい。そんなときこそ、チョコの出番です。

ジャン=ポール・エヴァンの
「ボワットゥ ショコラ　18個入」

パリのアトリエから届く、上質なボンボンショコラの詰め合わせ。写真は、私のリクエストでミルクベースのショコラ レを中心にカスタマイズしたもの。6148円●東京都新宿区新宿3-14-1伊勢丹新宿本店地下1階☎03-3352-1111（大代表）取り寄せ可

どんなチョコを選ぶのか。いくつかの例を挙げてみます。

まずは本命チョコ。これは、恋愛の〝本命〟だけではなく、格別、お世話になっている方、心から大切に思っている方に渡すチョコです。私が選ぶのは、ジャン＝ポール・エヴァンの「ボワットゥ ショコラ 18個入」(p19)。このパリの人気ショコラティエとの出会いは、二十数年前。友人からパリみやげとして渡されたブラウンの箱は、ミッドナイトブルーのリボンがかかっていて、ショコラの箱というよりはヨーロッパの一流ブランドのもののようで、「なんておしゃれなの！」と感激しました。中に入っていたボンボンショコラは、深い味わいがある正統派。２００2年に日本にショップがオープンして以来、私の本命チョコは、これと決めています。バレンタインのシーズンには、いつもとは違うパッケージが用意されることもありますが、本命チョコとしてお渡しするなら、ブラウンの箱とミッドナイトブルーのリボンの組み合わせがスマート。おすすめの詰め合わせもありますが、私はいつも自分が好きなミルク系ボンボンショコラを中心にした詰め合わせをオーダーしています。

もっと気軽に渡したい相手なら、マリベルの「ブルーボックス シグネチャーコレクション」(p22)。ここのチョコには、ひと粒ずつ表面にキュートなイラストが描いてあるんです。こんな遊び心のあるチョコなら男性が家庭にもち帰っても、奥様からあらぬ誤解を受ける心配がありません（笑）。もちろん味にだってご満足いただけますし、箱も素敵。案外、女性のほうが喜んでくださるかもしれませんね。女性同士の友チョコにもおすすめします。

相手が男性なら、チョコは、2月14日に渡すことが大切。1日でも遅れると価値は半減してしまいます。多くの男性は毎年この日は少し緊張して迎えるそうで、もらえたときの喜びはとても大きいらしいのです。チョコをもって帰ると家庭でも大きな顔ができるのだとか。その気持ちをどうぞわかってあげてくださいね。

バレンタインデー前後の日に手みやげを用意する機会があれば、ラ・メゾン・デュ・ショコラの「エクレール」（p22）をおもちしてはどうでしょう。相手が男性でも女性でも、「バレンタインデーが近いので、これをおもちしました」と言ってお渡しすると、喜ばれます。女性同士ならバレンタイン談義で盛り上がりそうですね。

贈り物がチョコと決まっているバレンタインデーは、お中元やお歳暮よりもハードルが低いんです。品物を選ぶのも簡単ですし、しきたりなどとも無縁で、お中元やお歳暮よりもパーソナルな贈り物として心が伝わりやすいと思います。「贈り物がどう

ラ・メゾン・デュ・ショコラの「エクレール」

パリの高級チョコレート専門店による、リッチでなめらかなクリームがたっぷり詰まったエクレア。左からキャラメル、カフェ、ショコラ。各675円　●東京都千代田区丸の内3-4-1 新国際ビル 1 階　☎03-3201-6006　取り寄せ不可

マリベルの「ブルーボックス シグネチャーコレクション」

NY、ソーホー生まれのチョコレートブランド。上質なカカオを使ったガナッシュにはフレーバーごとにポップなイラストがついています。2268円（4個入り）　●京都本店／京都市中京区柳馬場三条下ル槌屋町83　☎075-221-2202　取り寄せ可

バビの
「ワッフェリーニ　ピスタチオ」

イタリアの名門スイーツブランドの原点とも言えるウエハースで、さくっと軽く繊細な口どけ。缶入りだから日もちして、もち運びにも便利です。2052円　●東京都中央区銀座3-6-1 松屋銀座地下１階　☎03-3567-1211（代）取り寄せ可

ピュアココ・トーキョーの
「ピュアココ」

時間をかけて焼き上げた、さくさくのシュー生地をベルギー産ホワイトチョコレートで包んだ新感覚のスイーツ。独特の食感が楽しい。5150円（50個入り）●東京都町田市原町田6-12-20 小田急百貨店町田店地下１階　☏0120-55-0514　取り寄せ可

も苦手」と思っている人も、ぜひこの機会にチョコを贈りましょう。特別な口上も理由も必要ありません。受けとった方の笑顔を見た瞬間、きっとスイーツギフトの効力を実感すると思います。

次は、ホワイトデーのお返しギフトを紹介します。

聞くところによると、最近はホワイトデー市場の伸びが著しいのだとか。男性は律《りち》儀《ぎ》なのでしょうね。だけど、日頃スイーツに詳しくない男性にとっては、悩みのタネではないでしょうか。なかでも頭を悩ませるのが、職場の女性たちがお金を出し合ってひとつだけくれた場合。ひとりひとりに用意したほうがいいのか、それとも全員にまとめてでもいいのか。どんなスイーツが喜ばれるのか。

私がおすすめするのは、ピュアココ・トーキョーの「ピュアココ」（p23）です。丸く焼き上げたシュー生地の周りにホワイトチョコレートがかかっていて、ホワイトデーにぴったり。50個入りの丸い箱は、ブルーのストライプでとてもかわいらしくインパクトも十分。これを職場にもっていって、「みなさんで食べてくださいね」と女性たちに渡すと、「わあっ！」と盛り上がります。ひとつずつ個包装になっていますから、とり分けやすいのもいいですね。このやり方だとくれなかった人にもお渡しすることになりますが、女性が何人かいる職場で、くれた人だけにお返しするというのは、意外と大変です。ほかの女性たちに遠慮してコソコソと渡すのも怪しいですし、タイミングをはかっているうちに渡し忘れても冷や汗もの。それなら、そこにいる女性たち全員に渡すくらいのほうが、いかにも太っ腹な感じがしてカッコいい。女性の多い職場を訪問する機会が多い男性も、ホワイトデーにこんな手みやげを用意すれば、女性たちからの評価がぐんとアップしますよ。

では、本命チョコへのお返しはどうしましょうか。私のおすすめは、バビの「ワッフェリーニ ピスタチオ」（p23）。とても繊細な食感で口どけもまろやかな、イタリアの名門スイーツブランドのオリジナルウエハースです。ひと口で上質感が伝わるスイーツだから、相手をとても大切に思っていることが伝わるはず。

本命と職場でのお返しは、まったく違う切り口で選びます。本命の人へは上質感のあるものを選んで愛情を伝え、職場では見た目のインパクトがあるものを選んで、感謝をわかりやすく伝えましょう。このふたつをとり違えては大変！　ご主人がもらってきたチョコのお返しを用意するときにも、ぜひ参考にしてくださいね。

ハロウィーン、クリスマスは気軽なギフトチャンス

手みやげをお渡ししたいけれど、きっかけがつかめなくて、ということはありませんか。たとえば定期的に通っているお稽古《けいこ》には、手みやげを持参しないことがほとんど。友人同士でも近所で気さくに行き来する関係なら、かしこまった手みやげを用意することはほとんどありません。だけどたまには、美味しいスイーツを一緒に囲むのもいいもの。相手もきっと喜んでくれるはずですが、どんなタイミングがいいのでしょうか。

贈り物も同様に、いつもお世話になっている方にたまにはお礼がしたいけれど、どうすればいいかしらと迷っているときは、ハロウィーンやクリスマスがチャンスです。お中元やお歳暮では堅苦しい感じがしますし、相手もお礼に頭を悩ませてしまうかもしれません。だけど西洋の行事のハロウィーンやクリスマスなら、古くからのし

塩《しお》野《の》の
「クリスマスセット」

鮮やかなクリスマスカラーの上生菓子。緑のツリーと赤い帽子の中は黄身あん、白のツリーの中はこしあんが入っています。2000円（３個入り）
●東京都港区赤坂2-13-2　☎03-3582-1881　取り寄せ不可　※12月１日～24日の期間限定販売。要予約。

菓子屋艶《えん》の
「焼きプリン　南瓜《かぼちゃ》」

かぼちゃのこっくりとした風味が、ぎゅっと詰まったプリン。何度もこして作るから、舌触りはとてもなめらか。ほろ苦いカラメルを添えると、ぐんとシックな味わいに。380円（１個）　●愛媛県松山市湯渡町5-36　2階　☎089-989-3251　取り寄せ可

きたりとは関係がありませんから、贈るほうも気軽に渡せますし、受けとるほうも構えなくてすみます。

どちらの行事ももうすっかり日本に定着していますから、その時期になるとスイーツショップの店頭には、ゆかりのあるスイーツがずらりと並んでいます。ハロウィーンなら、やはりかぼちゃを使ったものでしょうか。私のおすすめは、菓子屋艶《えん》の「焼きプリン 南瓜《かぼちゃ》」（p27）。なめらかで、かぼちゃらしいこっくりとした風味を感じるプリンです。しかも自然素材だけを使用しているから安心。ハロウィーン用のスイーツではありませんから、幼稚でないのもいいですね。

クリスマスは、ハロウィーンよりももっと盛大でスイーツもたくさんそろっています。お渡しする相手やシチュエーションによって、生ケーキがいいかもしれませんし、日もちのするクッキーやシュトーレンなどのほうがいい場合もあるでしょう。私が手みやげに選ぶのは、東京・赤坂《あかさか》にある老舗和菓子店の塩野《しおの》がこの時期限定で販売する「クリスマスセット」（p27）です。和菓子とクリスマスという組み合わせが新鮮で、とても喜ばれるんです。たくさんの選択肢があるなかで、この意外性はインパクトがあるのでしょう。ほかの和菓子店でもクリスマスをテーマにした生菓子を用意しているところはあるようですから、お好みのものをどうぞ。

手みやげは、どんなときにもどんな相手にも必要なわけではありませんが、上手に機会を見つけておもちすると、ちょっとしたサプライズになって、想像以上に喜ばれます。もの選びのセンスだけでなく、おもちするタイミングを上手にはかることも、手みやげ美人の大切な要素です。

これは贈り物にも言えること。何かでちょっと助けてもらったり、手伝ってもらったりしたときに、すぐお礼の品を贈ってはかえって気まずくなることもありますが、「ハロウィーンで美味しそうなスイーツを見つけたの」「もうすぐクリスマスだから食べてみて」と言葉を添えてお渡しすれば、どなたもきっと喜んでくれるはず。

気軽な手みやげのチャンス、贈り物のチャンスを求めるなら、西洋の行事がおすすめです。

同年代の女性に贈るときは女子力高めなものを

同年代の女性同士の集まりにもっていくなら、やはり見た目も大切。女心をくすぐるスイーツなら箱を開けたとたん、「わあ！」と歓声が上がり、場が一気に盛り上がります。「これ、いいね」「かわいい！」という気持ちを共有できるのが、女性同士の楽しいところ。そんな女性の気持ちをウキウキさせる、女子力の高いスイーツにはどんなものがあるでしょうか。

たとえば、ひと口サイズのケーキの詰め合わせ、プチフールは女子力の高いスイーツの筆頭格。小さなケーキやシュークリーム、タルトなど、見た目も味も異なるケーキが箱の中にずらりと並んでいるのが、本当にかわいいんです。歓声が上がるのと同時に、「私、コレがいい！」という声も聞こえてきそうですね。それも気がおけない女性同士ならではの楽しさ。

プチフールを用意している洋菓子店はたくさんありますが、私のおすすめは、東京・自由《じゆう》が丘《おか》にあるパティスリー エール オクサワ（p34）。20種類以上ある「プチフール」は、どれも丁寧に作られていてすごく美味しいんですよ。5個入り、10個入りもありますが、やはり15個くらいあったほうが、インパクトがあります。一個一個が小さいので、集まる人数よりも多くもっていくようにしてください。小さいから、ダイエット中の人も「これなら大丈夫」と食べてくれそうですね。

また、女性同士の集まりには、新しいものも喜ばれます。手みやげには、自分が食べたことのあるものを選ぶのが鉄則ですが、話題の新店の商品や新発売の商品などを、同年代女性の集まりにもっていくときだけは例外です。「新しい」と聞いただけで、みんな興味津々。なかには、「食べてみたいと思っていたの！」と大喜びしてくれる人もきっといるはず。女性のミーハー魂に火がつくんですよね。

このときばかりははずしてもＯＫ。食べてみて失敗したかなと思ったら、すぐに「ごめんなさい。イマイチだったわ！」と自分から明るく言ってしまいましょう。すると、ほかの方たちも率直な意見を言いやすくなります。「案外、美味しくなかったね」と笑いながら盛り上がれるのも女性同士の楽しさ。新しいものを試したい気持ちは、みんな同じですから、「イマイチ」だとわかっただけでも収穫ととらえてくれるはず。

私がおすすめする、粉を味わうパイ専門店こねりの「こねりチョビ」と「ディップ」（p34）は、きっと味にも満足していただける新商品。浜松のうなぎパイで有名な春華堂《しゅんかどう》が新しく始めたブランドだから、パイの味は折り紙付き。何種類かのスティックタイプのパイと自家製あんなどのディップを組み合わせて食べるので、ワイワイ言いながら試すのも楽しそう！

切り分けて食べるパウンドケーキやロールケーキは、ナイフやお皿、フォークなどが必要ですから、受けとった方の手をわずらわせます。手みやげにするのはできるだけ避けたほうがいいことは明らか。だけど、女性同士の集まりやホームパーティなら、先方の手間をさほど気にする必要はありません。仲のよい間柄なら、きっと作業もスムーズ。切り分けるときに、「私は少なめで！」とやりとりするのも楽しいですし、集まる人数がはっきりしないときにも便利です。

私が用意するのは、夏ならゼリーのイエの「デコレーションモアリッチ」（p35）。ゼリーの中に、さらに色とりどりのキューブ状のゼリーが入っていて、すごくキュートでさわやか。下は、いちご、オレンジ、メロンなどの層になっています。女性同士

「かわいい！」とワイワイ言いながら切り分けて食べてくださいね。

パウンドケーキなら、エーグル ドゥースの「ケーク ケベコワ」（ｐ35）。メープルシロップの深い味わいが魅力で、通常のものよりも細身だからカットして食べやすいんです。大人数のときは、もう1本「ケーク オー シシリアン」を加えてはいかがでしょうか。こちらはピスタチオを使ったもので、2本並べるとさらに華やかさが増します。手みやげではなく贈り物にするときも、切り分けるタイプは先方の手をわずらわせるのでおすすめしませんが、相手と親しい場合は、忙しい時期などを避けてお贈りすれば大丈夫でしょう。

巻頭で紹介した〝ピンクスイーツ〟も、まさに女子力が高いスイーツですね。ラ・パティスリー・デ・レーヴの「ミルフィーユ オ フレーズ」（口絵ｐ6）やセバスチャン・ユベールの「マカロン」（口絵ｐ8）、ピエール・エルメ・パリの「ミス グラグラ イスパハン」（口絵ｐ8）など、ピンク色をまとったスイーツのかわいさ、美しさは、きっと女性のハートに響くはず。

女性同士でものを贈るときに大切にしたいのは、華やかさや新しさ。女心を盛り上げてくれる商品を選んで、みんな一緒にハッピーになりましょう。

粉を味わうパイ専門店こねりの「こねりチョビ」と「ディップ」

スティックパイの「こねりチョビ」6種類（各648円／12本入り）は、あんやチョコを使った「ディップ」6種類（各756円～）と自由な組み合わせを楽しんで。●静岡県浜松市浜北区染地台6-7-11 nicoe内 ☎053-587-7889 取り寄せ可

パティスリー エール オクサワの「プチフール」

小さいながらも、しっかりと手作りされた本格派のケーキたち。シュークリームやモンブラン、タルト、レアチーズケーキなどいろいろなケーキが楽しめます。1180円（5個入り）～ ●東京都世田谷区奥沢7-10-3 ☎03-6809-8774 取り寄せ不可

エーグル ドゥースの
「ケーク ケベコワ」(左) と
「ケーク オー シシリアン」(右)

カナダ産メープルシロップの風味が際立つ「ケーク ケベコワ」と、ピスタチオを使った「ケーク オー シシリアン」。カットして食べやすい細身サイズ。(左) 1296円 (右) 1944円 ●東京都新宿区下落合3-22-13 ☎03-5988-0330 取り寄せ可

ゼリーのイエの
「デコレーションモアリッチ」

ゼリーの中に、さらに色とりどりのキューブ状のゼリーがちりばめられたキュートなスイーツ。3240円 (直径15cm) ●福島県いわき市小名浜寺廻町7-16 ☎0246-54-2431 取り寄せ可 ※店頭での販売なし。インターネット注文のみ。

年配の方に贈るときは常識のある方と思われたい

年配の方への手みやげ選びは、いつもより想像力が必要かもしれません。私たちとは嗜好《しこう》や生活スタイル、あるいは価値観が大きく異なる場合もありますから。間違いがないのは、ずばり、とらやでしょう。地方在住の方にもそのネームバリューは確固たるものがあります。地方で暮らす私の両親も、とらやのようかんをいただくと、とても満足そうにしていました。永遠の定番商品ですね。

だけど誰もが知る定番商品を選んでばかりでは、印象に残りません。とは言え、張りきりすぎも禁物。張りきりすぎると自分の想いばかりが先行し、つい相手の状況への配慮が薄れてしまうんです。心がけたいのは、「常識」を踏まえて手みやげを選ぶこと。年配の方にとって、この人は常識のある方、と感じられたら、そのまま安心してお付き合いできるのです。人生経験の豊富な方でも、まだよく知らない方と会うときは、たとえ相手が年下であっても緊張するもの。それをひとつの手みやげがほぐしてくれるなら、そんなにありがたいことはありません。「常識のある方」と思っていただける手みやげ選びのポイントをお伝えします。

まずは少量で上質であること。60代以上であれば、食欲も自然と落ちていて、いいものを少しいただければ満足と感じることが多いのです。また老舗の商品や「京都」発の商品は、年配の方にとっては、いわゆる〝ブランド〟のような効果があるのでおすすめ。縁起ものも、きっと喜んでいただけるのではないでしょうか。それとは逆に、奇をてらったもの、流行のものを選んで、「若い人」っぽい感性を伝えようとするのは控えましょう。よほど相手の好みがわかっていれば別ですが、一般的には、相手を戸惑わせる可能性が高いと思います。

これまでに、年配の方への手みやげとして用意して評判がよかったもののナンバーワンは、紫野和久傳《むらさきのわくでん》の「れんこん菓子　西湖《せいこ》」（p38）です。笹の葉に包まれたれんこん菓子は、つるんとしていてとても喉《のど》の通りがよく、食べやすいんです。紫野和久傳は、京都の料亭和久傳のおもたせ専門店なので、〝京都〟というブランド効果も期待できます。木箱入りや陶筥《とうばこ》入りもありますが、私がおすすめしたいのは、竹籠《たけかご》に入っ

言問《こととい》団子《だんご》の「言問団子」

左から、白あん、小豆あん、味噌あんの３種。あっさりとしたあんはお茶だけでなく、コーヒーとも相性よし。ひと口、ふた口で食べられる大きさです。1260円（６個入り）～　●東京都墨田区向島5-5-22　☎03-3622-0081　取り寄せ不可

紫《むらさき》野《の》和《わ》久《く》傳《でん》の「れんこん菓子　西湖《せいこ》」

笹の葉に包まれているのは、つるんと食べやすいれんこん菓子。もっちりとした食感で、和三盆のコクと笹の香りが上品な味わいに。3294円（10本・竹籠入り）　●京都市北区紫野雲林院町28　☎075-495-5588（通販専用ダイヤル）　取り寄せ可

末富《すえとみ》の
「京ふうせん」

さくっと軽く、ふわっと舌の上でとろけていく麩焼きせんべい。桜色、黄緑、水色などの砂糖衣が甘くて懐かしい味わい。1080円（28枚入り）●京都市下京区松原通室町東入ル ☎075-351-0808　取り寄せ可　※日本橋タカシマヤなどでも販売。

武蔵屋《むさしや》総本店の
「蛤《はまぐり》 志《し》るこ」

器に入れてお湯を注ぐだけで温かいお汁粉が完成。中から紅白の千鳥がぷかりと浮かび上がります。日もちして好きなときに食べられる点も、手みやげ向きです。1194円（５個・化粧箱入り）●大分県中津市牛神424-4　☎0979-22-1191　取り寄せ可

たもの。笹の葉ともマッチして、初めて見る方にはインパクトがあるよう。これは特に暑い季節に合う手みやげですね。

言問団子《こととひだんご》の「言問団子」（p38）や武蔵屋《むさしや》総本店の「蛤《はまぐり》志るこ《し》」（p39）、末富《すえとみ》の「京ふうせん」（p39）も年配の方に喜んでいただける手みやげ。〝ピンクスイーツ〟の藤江屋分大《ふじえやぶんだい》の「めで鯛《たい》もなか」（口絵p4）も、縁起ものとしておすすめです。

言問団子は、江戸時代に創業し、幸田露伴《こうだろはん》や池波正太郎《いけなみしょうたろう》ら文人たちにも愛されてきたお店。看板商品「言問団子」は、白あん、小豆あん、味噌あんの3種あって、並べるととてもかわいい！　ひとつが、ひと口かふた口で食べられる大きさもいいですね。ずっと変わらない老舗の味は安心して召し上がってもらえると思います。

武蔵屋総本店は大正時代に大分県中津《なかつ》市で創業した老舗。ここの「蛤志るこ」は、蛤をかたどった最中にあんが入っていて、お湯を注ぐと、紅白の千鳥の餅が飛び立つように浮かび上がるんです。縁起のよさを感じるスイーツですから、おもちした人自身の育ちのよさも感じていただけると思います。日もちがしますから、相手の好きなときに食べていただける点も配慮が感じられます。

京都の名店末富の「京ふうせん」は、ふわっと軽い食感の麩《ふ》焼きせんべいで、とても食べやすいのが特徴です。シンプルな缶の中に桜色や黄緑、水色など淡い色合いのせんべいが詰められていて、見た目もとても上品。末富ブルーと呼ばれる水色の包装紙には、日本画家の池田遥邨《いけだようそん》の作品がプリントされていて、とっておきたくなるような美しさですから、その点でも年配の方には喜ばれると思います。

ありがちな失敗は、和菓子ならいいだろうと、大きめのどら焼きや、固いせんべいなどを選んでしまうこと。質と量、そして食べやすさには、いつも以上に気を配る必要があります。そうした気遣いがあれば、きっと「常識のある方」「育ちがいい方」と感じていただけることでしょう。

手みやげをお渡しするとき、私は「つまらないものですが」とは決して言いません。いつも「とても美味しいんです」と、自信をもってお渡しするようにしています。年配の方にもそうお伝えしていいのですが、態度はあくまで控えめに。自分が美味しいと思ったことと、相手が美味しいと思うかはまったく別の話です。自分の感性を押しつけるのではなく、「気に入っていただけるといいのですが」と言葉を添えて謙虚な姿勢を示したほうが、好感度が高いのは間違いありません。

仕事相手の職場へ伺うときは気が利くと思われたい

仕事相手の職場を訪問するときの手みやげは、受けとった方、あるいはその周囲の方の手をわずらわせないものを選ぶことが鉄則です。ロールケーキやようかんなど切り分けたり、ケーキや生菓子のようにお皿やカトラリーが必要だったりするものは、準備や後片づけの手間がかかりますから、本来の業務以外の仕事を増やしてしまうことになります。

仮に、手みやげをお渡しするのが地位の高い方で、ご本人が準備や後片づけをする必要がなかったとしても避けるべきです。その役目を任された人は、「この忙しいときに！」と恨み言のひとつも言いたくなるかもしれません。会社や職場への手みやげは、その場にいる人たちの仕事の邪魔になっては本末転倒です。それよりも、そこで仕事をする人たちを応援する気持ちが伝わるようなものを選びたいですね。

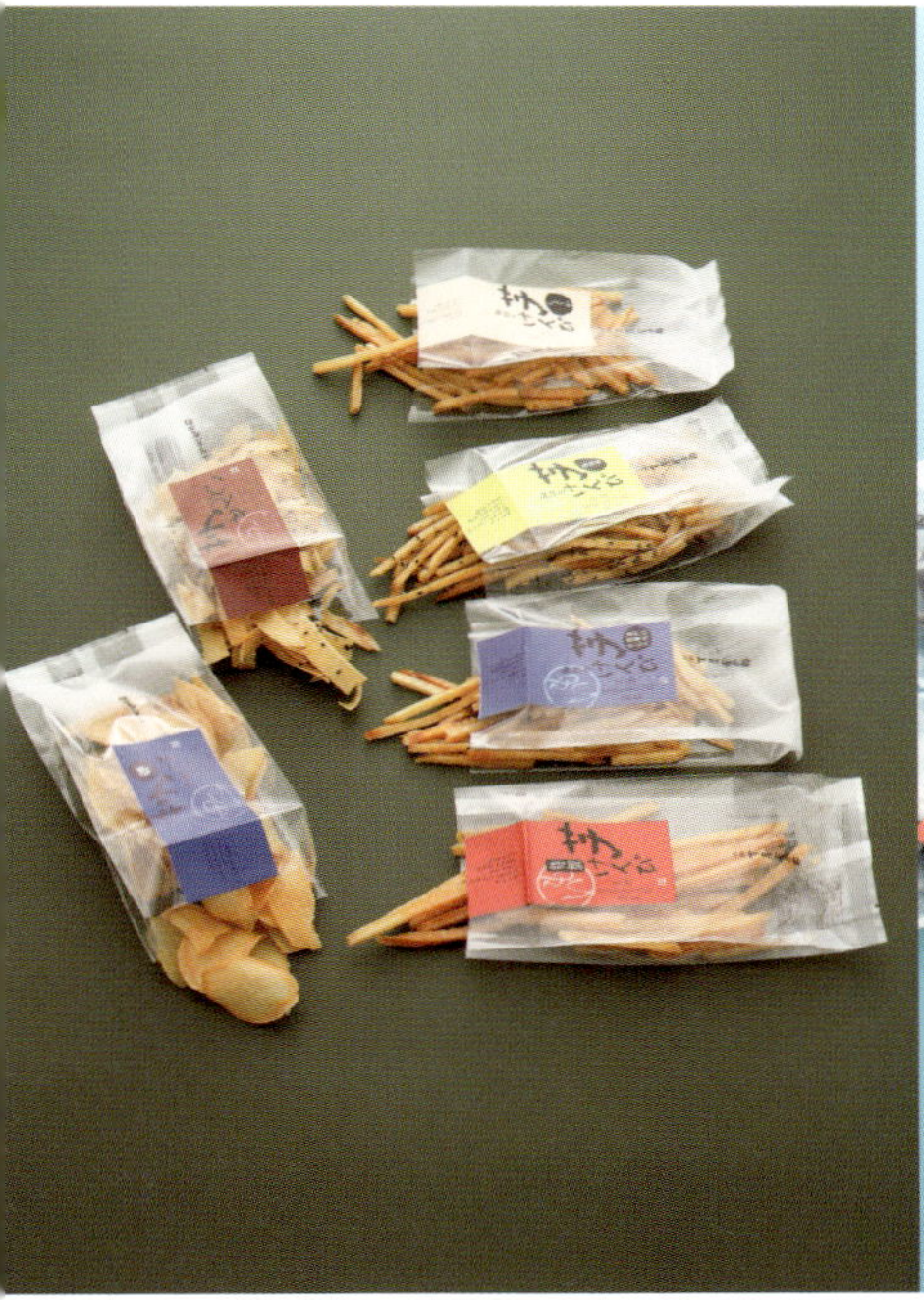

芋《いも》屋《や》金《きん》次《じ》郎《ろう》の
「芋けんぴ」

かりっと香ばしく歯ごたえのいい芋けんぴは、誰もが好きな味。「芋せんべい」「黒胡麻細切り芋けんぴ」「むらさき芋チップ」など、種類も豊富にそろっています。各210円～

●高知県高岡郡日高村本郷573-1

☎0120-03-7421　取り寄せ可

八《や》木《ぎ》治《じ》助《すけ》商店の
「す昆布」

大阪の高麗橋で、江戸時代から続く昆布店。小さくひと結びされた柔らかい「す昆布」は、昆布のうまみとほんのりとした酸味がクセになる美味しさです。108円（1袋22g）●大阪市中央区東高麗橋2-3　☎06-6941-3364　取り寄せ可

オフィスで手をわずらわせない手みやげの条件のひとつは、個包装。各自に配るのか、それともどこかにまとめて置いておいて、ほしい人が自由に取るのか、職場によってやり方があると思いますが、いずれにせよ、負担は最小限ですみます。日もちのするものなら、いつ食べるかはそれぞれ自分で決められますから、なおいいと思います。個包装になっているもので、すぐに思いつくのは洋菓子です。たとえばマドレーヌなどの焼き菓子。それも悪くはありませんが、手みやげの多い職場ではもらう機会も多く、あまり印象に残らないようです。それに、どこのお店のものもそれなりに美味しいので、特別美味しいものを見つけることも難しいんです。

これまで私が、仕事相手の会社や職場におもちしたもので、意外なほど喜ばれたものは何だと思いますか？　じつは昔ながらの素朴なお菓子なんです。探せば、個包装になっているものがあります。

八木治助《やぎじすけ》商店の「す昆布」（p43）を知ったのは、京都の知人から「原稿書きのお供に」といただいたことがきっかけです。小さくひと結びされた昆布はとても柔らかくて、酸味もマイルド。酢昆布のなかでも断トツに美味しいんです。これを、ある出版社の編集部におもちしたところ大好評！　激務の方が多い職場ですから、この酸味と歯ごたえがいい気分転換になったようで、みなさん大喜びしてくれました。とてもヘルシーな食べ物ですから、これなら「お疲れさま！」「お仕事がんばって！」という気持ちも伝わるはず。繁忙期や残業中の職場には特におすすめです。

芋屋金次郎《いもやきんじろう》の「芋けんぴ」（p43）も、すごく評判がいい手みやげです。芋けんぴのなかでも、ここのものは上品な甘さ。芋けんぴというと年配の方向けと思われるかもしれませんが、意外と若い世代の方も、「何それ？」と言いながら楽しそうにパクパク食べてくれます。この親しみやすい味わいが苦手という方は、ほとんどいないのではないでしょうか。ヘルシーで腹もちもいいですし、仕事中ちょっと小腹がすいたときにも手がのびますね。

若い方が多い職場なら、ビーンズナッツの「ナッツスナック」（p47）はいかがでしょうか。これはナッツを使ったスイーツで、アーモンドとパルメザンチーズ、カシューナッツと柚子《ゆず》こしょう、大豆と黒ごまというように、ナッツやビーンズと味の組み合わせがたくさんあって、若い方のお口にも合うと思います。かりっ、さくっとした食感は気分転換になりますし、時には眠気覚ましにも。少量ずつの個包装ですから、先方の手をわずらわせる心配もありません。

私がここでお話ししている手みやげは、大きな取引が決まるかどうかを賭けた〝勝負手みやげ〟とはちょっと違います。目的は相手に喜んでもらうことですから、会社や職場におもちするなら、その場の雰囲気がよくなるものを選ぶのが大切。たとえ自分自身の知り合いはひとりでも、その場にいる方全員にお渡しすると考えるのです。みなさんに喜んでいただき、「これ、センスいいね！」「誰がもってきたの？」「どこで売っているの？」と話題になってくれれば、大成功。その手みやげと一緒に、お届けした人自身のことも印象に残りますから。

今回紹介した3品は、どれもヘルシーで、手みやげとしては意外性もある商品なので、「あなたのことを思ってこれを選びました」という気持ちが伝わります。それですぐに大きな取引が決まることはありませんが、相手やそこで働く人たちは、きっとあなたに好感を抱くでしょう。いい人間関係というのは、そういう何気ない好意の積み重ねから築いていくものだと思います。

もちろん、私が紹介した商品でなくてもいいのです。キーワードは、〝個包装〟と〝ヘルシー〟。その観点から、自分らしい商品を選んでくださいね。

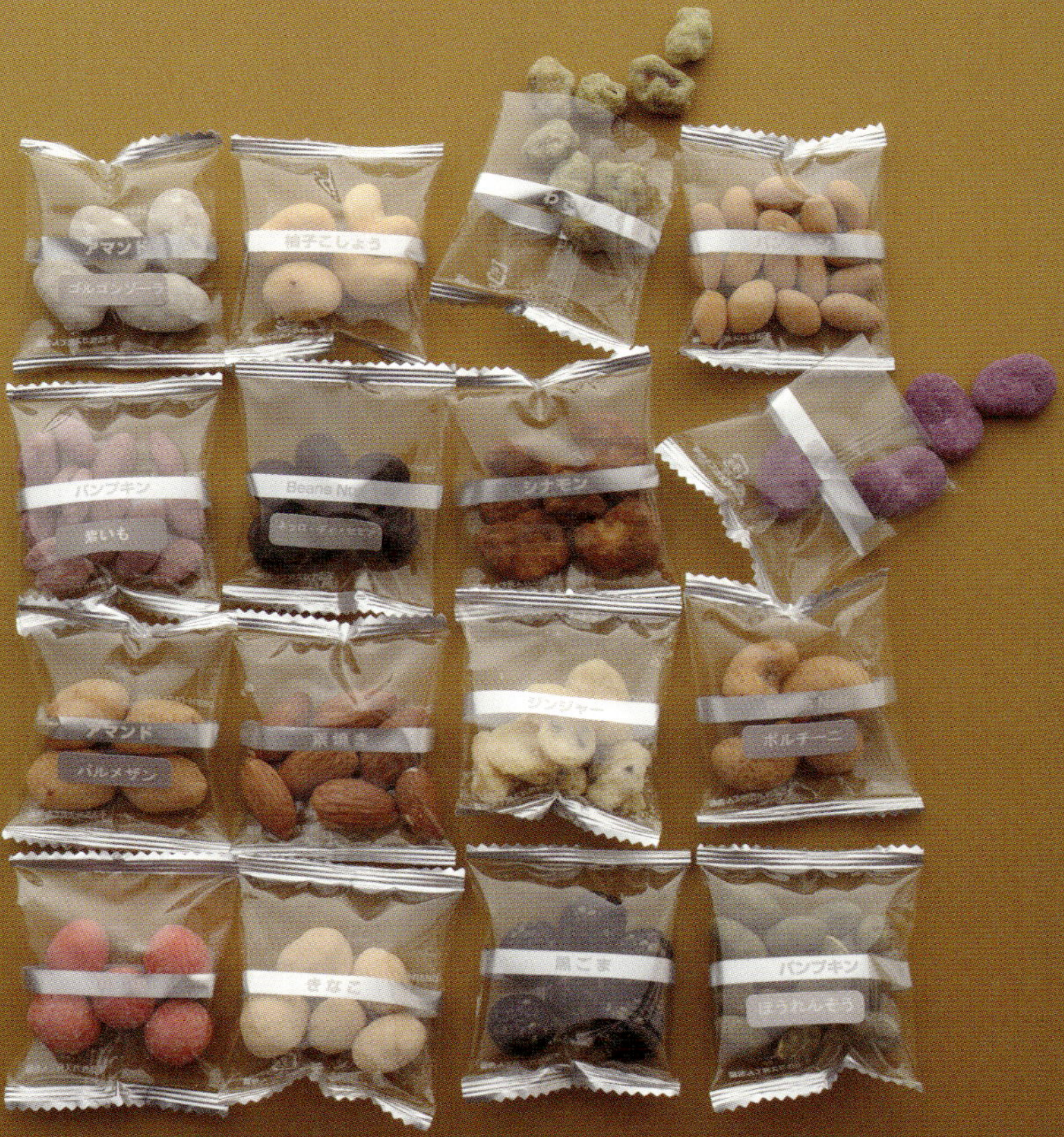

ビーンズナッツの
「ナッツスナック」

ナッツやビーンズに、黒ごまやパルメザン、ポルチーニなどの味を組み合わせたスナック菓子。個包装だから食べやすい。「ムニュ80」5400円（80袋入り）　●東京都中央区日本橋室町1-4-1　日本橋三越本店本館地下1階　☎03-3241-3311　取り寄せ可

日本人なら五節句はやはり知っておきたい

節句というと、すぐに思い浮かべるのは桃の節句と端午《たんご》の節句ですが、日本では年に5つあるんです。1月7日が人日《じんじつ》、3月3日が上巳《じょうし》（桃の節句）、5月5日が端午、7月7日が七夕、9月9日が重陽《ちょうよう》で、これを五節句と呼んでいます。人日は、日本では七草粥《ななくさがゆ》を食べますね。重陽は、菊の節句と言われています。

もともと節句の風習は、中国から伝わったもので、中国には古来、季節の節目ごとに行う行事や習慣が数多くありました。それが日本に伝わり、宮中行事や神事と結びついて、日本らしいやり方で行うようになったのです。江戸時代には、幕府がそのうちの5つを公式な行事に定めたことから、宮中や武家だけでなく庶民の間にも広まったとか。明治時代には、五節句は公式な行事ではなくなりましたが、いまもこの風習には日本人らしさを感じます。

節句はもともと〝節供〟と書いて、日本では神様にお供え物をしていました。その時期にふさわしい食べ物と結びついていたんですね。1月7日は七草粥。七草は、万葉集の歌のなかでも詠まれた、若菜（春菜）摘みとつながっているそうです。古今和歌集の「君がため 春の野にいでて若菜つむ わが衣手《ころもで》に雪は降りつつ」（光孝天皇《こうこうてんのう》）という歌からは、相手のことを想って、雪が降るなか若菜を摘む情景が浮かんできませんか。新年早々に野草の生命力を感じ、それを七草粥にして食すことで、健康や幸運を祈願していたのでしょう。現代に生きる私たちも七草粥をいただくと、元気に一年を過ごせそうで満たされた気分になるから不思議ですね。

このように、五節句の由来を知ると、なるほどと思うことが多いんです。こうした風習を手みやげに生かすと思わぬ反響があります。「知らなかったわ」と感心されて自分の評価が上がったり、子ども時代の行事の思い出話に花が咲いて、いつもとは違う相手の一面を発見できたり……。

それでは節句ごとに、どんな手みやげがあるかをお伝えします。

たとえば、七草の時期なら、野菜を使ったせんべいはいかがでしょうか。京都にある、末富《すえとみ》の「野菜煎餅」（p143）は、木の芽やごぼうなどがくっきりと浮かび上がる

とらやの
「雛井籠《ひなせいろう》」

10cm四方の小さな箱に美しい和菓子が詰め合わされ、何が入っているかとワクワクします。1610円（１段）、3057円（２段）、4504円（３段）●東京都港区赤坂4-9-22　☎03-3408-4121（代）取り寄せ不可　※内容・価格は年により異なります。

志《じ》゙満《ま》ん草餅《くさもち》の
「草柏《くさかしわ》」

生のよもぎだけを使うので、草餅はしっかりと香りが立ち、こしあんはなめらかで上品な甘さ。柏の葉も大きくて立派です。175円（1個）●東京都墨田区堤通1-5-9 ☎03-3611-6831 取り寄せ不可 ※3月下旬～5月中旬の期間限定販売。

よう焼き上げてあるんです。お渡しする際には、「七草の時期ですから、野菜を使ったものをおもちしました」と言葉を添えてみては。

桃の節句なら、お雛様にまつわるスイーツ。この時期には毎年、ひなあられや菱餅《ひしもち》などが販売されますが、私のおすすめは、とらやの「雛井籠《ひなせいろう》」（p50）。わずか10㎝四方の小さな箱の中に和菓子が詰まっていて、とてもかわいい！　1段から購入できますが、3段以上重ねると、それぞれ中身が違うので箱を順番に開いていく楽しさが加わります。「女の子のいないお宅におもちしてもいいのかしら」と相談を受けることもありますが、かえってそういうお宅のほうが喜んでくださることが多いんです。「もうすぐお雛様でしたね。すっかり忘れていたわ」「家の中が華やいでいいわね」と言っていただくと、会話の糸口にもなります。

端午の節句は、定番の柏餅。柏の木は若い芽が出るまで古い葉が落ちずに残っていることから、跡継ぎが絶えないことを象徴するのだそうです。せっかくですから、柏の葉が大きいものを選びましょう。志満《じま》ん草餅《くさもち》の「草柏《くさかしわ》」（p51）は、生のよもぎだけを使うので、よもぎの香りがしっかりと立つ草餅です。葉も立派なので、子どもの成長を祝う端午の節句にぴったりではないでしょうか。

七夕は、古来中国では乞巧奠《きっこうでん》といって、織女《おりひめ》にちなんで、機織《はたお》りや裁縫の上達を祈願していたそうです。七夕は棚機《たなばた》と書き、童謡にうたわれている〝五色《ごしき》の短冊〟も、もともとは裁縫の上達を願う五色の糸だったとか。そこから生まれたのが、「糸巻」と呼ばれる上生菓子。こうした由来を知ったうえで、手みやげにするといいですね。

一方、日本では七夕と言えば笹飾り。短冊に自由に願い事を書いて、笹につるす風習が根づいていますから、笹をあしらったスイーツがもっとも七夕らしいと言えます。紫《むらさき》野和久傳《のわくでん》の「れんこん菓子　西湖《せいこ》」（p38）のほか、笹だんごや麩まんじゅうなどもおすすめです。

重陽が菊の節句と言われるようになったのは、菊の香気が邪気を払うとして、重陽の前夜から菊の花を真綿で覆って香りを移し、当日の朝、その綿で身体を拭《ふ》く風習があったことから。和菓子店ではこの時期に「着せ綿《きせわた》」と呼ばれる上生菓子を作ります。菊の花の上に真綿を載せた様子をそのまま表現したもので、いっぷう変わったデザインに見えますが、由来を知るとなるほどと感心します。また菊をモチーフにした、鍵善良房《かぎぜんよしふさ》の「菊寿糖《きくじゅとう》　紅白」（口絵ｐ５）は、この時期の手みやげにもいいですね。宮中では、菊酒を酌《く》み交わす宴が催されたようですが、庶民の間では、栗ごはんを炊く習慣があったことから、栗の節句とも言われていました。栗を使ったスイーツは、きっとたくさん見つかりますね。

五節句とスイーツを結びつけるためには、少しだけ予習が必要です。詳しく語る必要はありませんが、相手に、その日なぜそのスイーツを手みやげにしたのかをわかっていただけないと意味がありません。ぜひご自身でも少し調べてみてくださいね。こういうことを知っていると、他人の目にちょっぴり賢く映りますから、評価を上げるチャンスです（笑）。

五節句は、古くから人の幸せを願う気持ちと結びついています。それを感じるだけで自然と心が温かくなるんです。五節句にちなんだスイーツを贈ることで、日本人が古くから大切にしてきた周囲の人の健康や幸運を祈る気持ちが、相手に届くのではないでしょうか。

第2章
自分の鉄板手みやげをもつことが大切！

手みやげは、とりあえず有名店のスイーツを選べばいいと思っていませんか。テレビや雑誌などで人気商品として紹介されたり、デパートなどで行列ができていたりと、知名度が高いスイーツは、手みやげにしてもきっと喜ばれるでしょう。相手がどんな方であっても、失敗の恐れの少ない手みやげと言えます。有名店のスイーツなら、こちらから説明する必要もありませんから、そういう点でもラクですね。

でも、その手みやげに自分らしさはありません。当然、大はずれすることはありませんが、気持ちを伝えられるせっかくの機会に、無難に有名店のスイーツを選んでしまうのは、少しもったいないような気がします。「鉄板＝有名店のスイーツ」ではないんです。

私が提案したいのは、もっとパーソナルな手みやげ選び。その方の好みやそのときの状況に合わせたものを用意すれば、受けとった方は、自分のことを考えてくれたと心温まることでしょう。そのために、まずは相手の年齢や好み、あるいは、そこに集うメンバーなどの情報から、どんなスイーツが喜ばれるかを考えることが大切です。

だけどもし、相手のことをよく知らないなら、発想を逆転して、自分をアピールするような手みやげを選ぶのもいいと思います。私がおすすめするのは、自分の出身地のもので気に入っているスイーツを選ぶこと。手みやげがあなたの人となりを伝えてくれますから、口べたと自覚する人も安心です。そのスイーツを通じて、「大学に入学するまでは、○○で過ごしました」「じつは私も○○の出身なんですよ」といったやりとりが生まれ、互いの距離が少しずつ縮まっていくでしょう。

また、迷ったときのために、自分なりの〝定番〟をもっておくと安心ですね。ただしその場合にも、自分らしい選び方をすると効果が高いよう。有名店のスイーツではなく、〝MY鉄板〟を探してみては。

この章では自己アピールができる手みやげや、相手の好みに合わせた選び方、あるいは迷ったときのための〝MY鉄板〟の探し方についてお話しします。手みやげ美人になることは、正しい服装や完璧なマナーを身につけるより、じつはずっと簡単です。相手の心に響くスイーツを選んで、上手にご縁を結びましょう！

まずは出身地のお菓子を知ろう

手みやげは人と人との距離を縮めてくれるもの。ところが、初めてお会いする方や、まだあまりお付き合いの深くない方に手みやげを用意する場合は、相手が喜びそうなものを探すのは難しいですよね。そんなときは発想を逆転して、自分のことをさりげなくアピールして相手との距離を縮めてみてはいかがでしょうか。私がおすすめするのは、出身地のお菓子です。

最近はプライバシーに関する考え方も厳しくなっていて、気軽に「どちらのご出身ですか」「どちらにお住まいですか」といった質問をしづらくなっています。個人的なことをどこまでお聞きしていいのかわからず、相手を不愉快にさせてはいけないと、つい遠慮がちになってしまうんです。

ところが、出身地のお菓子を手みやげとしてお渡しすると、自分からパーソナルな

西岡菓子舗《にしおかかしほ》の
「つるの子」

まるで洋菓子のような和菓子で、マシュマロのようにふわふわの生地とカスタードクリームのようにとろりとした黄身あんが、口の中で優しくとろけます。145円（1個）●愛媛県松山市道後一万9-56 ☎089-925-5642 取り寄せ可

話題を提供することができます。たとえば私の場合なら、四国の愛媛《えひめ》県のお菓子をお渡しして、「故郷のお菓子をおもちしました」とご挨拶《あいさつ》すると、たいていの方は「この前、行きましたよ。いいところですね」「いつか行ってみたいです」などと興味を示してくださったり、「私は九州の出身なんです」「家内と同郷ですね」とご自身に結びつけて話をしてくださいます。故郷のお菓子を用意することで、自分から進んでプライベートな話題に踏み込めるんです。それは、相手ともっと親しくお付き合いしたい、もっとお近づきになりたいという気持ちの表れだと伝わりますから、ぐっと打ち解けた雰囲気になることも。親しい方なら、私から「愛媛県ってどこにあるかご存じですか?」「四国4県、言えますか?」と冗談を言うこともあります。

そこからさらに互いの〝地元ネタ〟で盛り上がることも多いんです。この〝地元ネタ〟は、意外とみなさんお好きで、さらに親近感がわいてきますよね。そうしたやりとりは意外と印象に残るもので、その後、何かの機会に「愛媛県人の会があるから行きませんか」と誘っていただいたりすることもあります。そうそう、私は東京出身だと思われていることも多いので、「あら、田舎《いなか》の人なのね」と親近感をもってもらえるという効果もたまにあります(笑)。

それでは、私の故郷のスイーツでよく手みやげにしているものを紹介します。

ひとつは、西岡菓子舗《にしおかかしほ》の「つるの子」（ｐ59）。和菓子なのにまるで洋菓子のようで、ふわふわの皮の中にカスタードクリームのようにとろりとした黄身《きみ》あんが入っていて、子どもの頃から大好きでした。淡い色合いも上品で、とても繊細なお菓子です。

お菓子のハタダの「大吟撰《だいぎんせん》 御栗《おんくり》タルト」（ｐ63）もよくおもちします。愛媛県はみかんの産地として知られていますが、じつは栗の産地であることは意外と知られていません。「大吟撰 御栗タルト」をおもちしたときは、そのことに触れると「知りませんでした」と驚かれることもあって、会話がさらに広がります。

じつは私自身も、地方のお菓子をいただく機会が多いんです。思いがけない美味しさに驚くことも。地方には、まだまだ美味しいものが埋もれています。私が紹介した2品も、全国的に知られたスイーツではありませんが、お渡しすると、「こんなに美味しいものがあるんですね」と驚かれることがよくあるんです。嬉しくなってつい、「ほかにもたくさんあるんですよ！」と張り切って答えてしまいます。

地方のお菓子は、東京の人の感覚からすると、あか抜けていないものもあります。

とても美味しいのに、ネーミングやパッケージがいまひとつということも少なくありません。だけどそれも個性のひとつで、人をほっとさせるような温かみがありますから、引け目に感じなくてもいいのです。

もちろん地方には誰もが知っている銘菓もあります。愛媛県にも全国的に有名なお菓子がいくつかあります。ではなぜ、私がそうした銘菓を選ばないか。全国的に有名なものは、食べたことのある方が多いんです。おみやげでもらった、あるいは自分が旅行しておみやげに買って帰ったという経験のある方が意外といます。それだと、あまりインパクトがありません。地方によっては、新幹線の車内販売などでおなじみのものもありますから、「ああ、これね」で終わってしまうんです。

それより、相手が知らないもののほうが、わざわざそれを選んで用意したことが伝わりやすいと思います。以前、こんなこともありました。東京で同郷の方のご自宅に招かれたときに、手みやげとして、西岡菓子舗の「つるの子」をお持ちしたんです。彼女も愛媛県の出身ですが、「知りませんでした!」「どこにあるんですか?」と大喜び。ふたりで地元の話で盛り上がって、とても楽しい時間を過ごしたのは言うまでもありません。

お菓子のハタダの
「大吟撰《だいぎんせん》 御栗《おんくり》タルト」

愛媛県産の最高級品種「銀寄栗」の渋皮煮を丸ごと７～８粒使ったぜいたくなタルト。柚子の香りのするあんと、しっとりとした生地に包まれています。5400円（１本・桐箱入り）。愛媛県新居浜市船木甲2131
☎0120-459-082　取り寄せ可

「私はずっと地元に住んでいるから、その手は使えないわ」という人もあきらめないでくださいね。ご近所の隠れた名品はありませんか。いま住んでいる地域でも、あるいはご自身が生まれ育った実家のある地域でもかまいません。お話しした通り、有名品である必要はないんです。地元の人だからこそ知っている、美味しいスイーツをお渡ししてみましょう。「子どもの頃から、ここのシュークリームが大好きだったんです」「昔から人気で、いつも午前中に売り切れてしまうんですよ」とお伝えして渡すと、「私も以前、この近くに住んでいたことがあります」「今度近くに行ったときに、買いにいってみます」というように会話が広がっていきます。ふと気づけば、初対面の方ともすっかり打ち解けた雰囲気に。

普段、自己アピールが苦手、という人もこういうやり方なら、できると思いませんか？　手みやげが、あなたの代わりにさりげなくアピールしてくれるんです。そこで会話が弾めば、相手はあなたのことをよく覚えてくださると思います。もちろん自分の話ばかりではなく、相手に話題を向けることもお忘れなく。

〝ここでしか買えないお菓子〟には魔力がある

ほしいと思ったものが、ずいぶんと簡単に手に入るようになりました。地方の美味しいスイーツも取り寄せられるものが増えていますし、人気のお店がデパートや一等地の商業ビルなどに出店して、そこで簡単に手に入ることもあります。

それだけに、手みやげの選択の幅もぐんと広がりました。わざわざ本店まで足を運ばなくても手に入れる方法が簡単に見つかる時代だからこそ、かえってどれにするか迷ってしまうことも増えました。その一方で、「ここでしか買えないもの」「いましか買えないもの」が特別な意味をもつようになった時代でもあると思います。1店舗だけで営業を続けている、あるいは季節限定など、誰でもいつでも手に入るわけではない商品に特別な価値を感じる人が多いのです。

たとえば、ミッシェルバッハの「夙川《しゅくがわ》クッキーローゼ」（p70）。とても懐かしい味がして、年配の方にも安心して召し上がってもらえるクッキーですが、手に入れるのは至難の業。お店がある兵庫県西宮《にしのみや》市は、阪急電鉄の夙川駅から徒歩5分の住宅街で、ショッピングなどのついでに立ち寄るということが難しい立地なんです。しかもじっくり手間ひまかけて作るクッキーだから、1日に販売できる数量が限られていて、午前中に売り切れてしまうことも多いのだとか。確実に手に入れたいと、オープン前に並ぶ人もいるほどの人気と聞きますから、関西のグルメ仲間のひとりが送ってくれたときは感激しました。クッキーの美味しさだけでなく、わざわざ手間をかけてくれたことが嬉しかったですね。私のクッキーベスト3に入る美味しさに加え、めったに手に入らないことで、このクッキーは、その友人の気遣いとともにしっかりと記憶に残っています。

東京・自由《じゆう》が丘《おか》にある、ラ・リューシェは、なんと営業が夏季だけという期間限定ショップです。田園調布の名パティスリー、レピドールが作り立てのアイスクリームやシャーベットの美味しさを伝えたいと始めただけあって、どれも洗練された味わい。なかでも私のおすすめは、「スティック グラッセ」(p71)。子どもの頃に食べたアイスキャンデーのように、木のバーを手に食べるのが楽しいんです。一店舗だけ、しかも夏季限定というのはなかなか貴重ですよね。取り寄せもできますが、この時期、このお店の商品というだけで、付加価値は高いと思います。

塩野《しおの》も東京・赤坂で一店舗だけの営業を続ける老舗の和菓子店です。巻頭の「花《はな》衣《ごろも》」（口絵ｐ１）を見ていただけましたか？　多くの和菓子店は季節に合わせた上生菓子を用意しますが、なかでも、春に登場する塩野の「花衣」の美しさは別格だと思います。可憐《かれん》なピンク色と、花のはかなさが伝わる繊細な造りのお菓子も、まさにこの時期、このお店でしか手に入れることができないスイーツです。

「ここでしか買えない」スイーツはほかにもあります。

ラ ヴァチュールは、京都にあるカフェ。ここの「タルトタタン」（ｐ71）は、カラメル状になるまで煮つめられたりんごが柔らかすぎず絶妙で、私も冬が近づくたびに食べたくなります。ここでしか買えない、正統派の味は食べた人の舌に深く記憶が刻み込まれますから、手みやげにぴったりです。

N's《エヌズ》 Kitchen《キッチン》** & labo《アンドラボ》は、私の故郷で話題のお店。女性オーナーが手作りした美味しいパンやスイーツが「ここでしか買えない」うえに、営業日も週に４日と限られていることから、ますます注目を集めています。なかでも私が大好きなのが、「メレンゲ」（p143）。さくっとした口当たりと、その後ふわっと溶けていく感じが絶妙で、ほかではなかなか味わえない軽やかなお菓子です。帰省のたびに買ってきては、友人たちへのちょっとした手みやげとして渡しています。もちろん親しい人には「すごく美味しいけれど、なかなか手に入らないのよ」と伝えることも忘れません（笑）。

営業日、営業時間が限られていて、商品の種類も少ない。でも一生懸命作っていることが伝わってくるようなスイーツ。東京にも、あるいはほかの地方都市にも、最近こういうお店が増えています。ご自身の周囲でも、とっておきのスイーツを探してみてくださいね。

手みやげは、相手に少しでも喜んでいただこうという気持ちで選ぶことが大切です。そのためにはその方の好みに合わせることも必要ですが、さらにもう一歩近づきたいときには、〝ここでしか買えない〟という魔力を大いに利用しましょう。親しい方なら、「朝から買いにいってきたのよ！」と手に入りにくさを強調するのもいいと思います。そのスイーツの付加価値が高まりますから。

ただし目上の方や初対面の方なら、くどくどと説明する必要はありません。押しつけがましくなってしまっては逆効果。「夙川で買ってきました」などと、簡単な言葉を添えるだけで十分です。お渡ししたご本人がその価値に気づかなくても、ご自宅で奥様や娘さんに見せたところ、「これはめったに手に入らないクッキーよ！」と喜んでくださる場合もあります。あとで「美味しかったからまた食べたい」と自分で探してみて、入手が大変だと気づく場合だってあるかもしれません。

いずれにせよ、手近なものですませるのではなく、簡単に手に入らないものをわざわざ用意してくれたという事実は、相手の心に響きます。その気遣いが嬉しいんですよね。だからスイーツの記憶とともに、届けてくれた人のことが印象に残るんです。それが私の言う、好感度アップ。その効果を高めるためにも、ぜひとっておきの美味しいものを選んでくださいね。

ミッシェルバッハの
「夙川《しゅくがわ》クッキーローゼ」

手作業で３日間かけて作るというだけあって、ほろほろとくずれる食感が絶妙です。通常は、あんずジャム（写真）とチョコレートのセットで販売。1450円（18枚）～　●兵庫県西宮市久出ケ谷町2-28　☎0798-74-3789　取り寄せ不可

ラ ヴァチュールの
「タルトタタン」

じっくりと火を入れ、最後にほろ苦くカラメル状に煮つめられたりんごは、柔らかすぎず絶妙の食感。口に入れると、ジューシーさと甘酸っぱさが弾けます。690円（1カット）
●京都市左京区聖護院円頓美町47-5
☎075-751-0591　取り寄せ不可

ラ・リューシェの
「スティック グラッセ」

写真はマンゴー・ヨーグルト、いちごミルク、小倉、チョコシナモン。220円（1本）●東京都世田谷区奥沢6-28-1　☎03-3705-5051　取り寄せ可　※2015年の夏期営業期間は未定。期間外の問い合わせは☎03-3722-0141（レピドール）へ。

グルメな方には通好みのする名品を

お渡しする相手がグルメな方だと、手みやげ選びの緊張感が一気に増します。美味しいものに目がないという方、美味しいものについて詳しい方にはどんなものを選ぶといいのでしょうか。

まず、味で「あっと言わせよう」と意気込むのはやめておきましょう。繰り返しますが、肩に力ばかり入ってもいい結果を生みません。自分もグルメで、とっておきのスイーツを用意できるのだとしても、「気に入っていただけるといいのですが」という謙虚な姿勢が大切です。手みやげを贈る目的は、ご縁結び。相手と張り合ってしまっては意味がありませんから。でもきっと大半の方は、何を選べばいいのかという戸惑いのほうが大きいでしょう。仕事柄、美味しいスイーツに詳しいと思われている私ですが、相手がグルメな方の場合は、美味しさだけで勝負するようなスイーツはあえて避けます。おすすめはこの3品。

ひとつは、ケンズカフェ東京の「特撰ガトーショコラ」（p74）。スイーツ好きの間では有名なので、ご存じの方も多いかもしれません。上質なチョコレートとバターを絶妙に配合し、小麦粉を一切使わずに焼き上げるとあって、苦みと甘み、酸味のバランスがよく、まさに大人のためのスイーツ。これまで50ヵ国以上の駐日大使から愛されてきたそうで、男性からの評判も抜群。食べ方によって味が異なる点でも、グルメな方の探究心を満たしてくれると思います。常温では程よくしっとり、冷やすと生チョコのようで、レンジで温めるととろりとなめらか。それぞれ食感が違うので、試してみるのも楽しい！　切り分ける厚さを変えてみても面白いんですよ。より美味しく食べるコツも、お渡しする際にぜひ相手に伝えてくださいね。

和菓子が好きな方には、暑い季節なら上菓子岬屋《みさきや》の「白小豆《しろあずき》仕立《じたて》水羊羹《みずようかん》」（p75）を。ようかんというと小豆色のものを想像しますが、これは涼やかな白。グルメな方だからこそ、そのめずらしさが伝わると思います。白小豆はとても高価で、小豆よりも扱いが難しいので、扱っている和菓子店は少ないんです。この水ようかんには、こしあんタイプと粒あんタイプがあるのですが、グルメな方にはしっかりとした香りが

ケンズカフェ東京の
「特撰ガトーショコラ」

上質なチョコレートとバターを使用して焼き上げたガトーショコラは濃厚で、苦みと甘み、酸味のバランスがよく、誰もが深い満足を得られる味。3000円（１本） ●東京都新宿区新宿1-23-3 御苑コーポビアネーズ１階 ☎03-3354-6206 取り寄せ可

晒《さらし》よし飴《あめ》本舗市場家《いちばや》の「晒よし飴」

まるで霜柱のように、ざくっとくずれる独特の食感がたまりません。甘さも上品で飽きのこない味。1296円（70g・約30枚）～　●宮城県柴田郡大河原町字町251　☎0224-52-1258　取り寄せ可　※９月20日～５月頃の期間限定販売。

上菓子 岬屋《みさきや》の「白小豆《しろあずき》仕立《じたて》水羊羹《みずようかん》」

希少な白小豆を使った上品な水ようかんは、涼やかで夏らしい。こしあん・つぶあん各3672円（１棹）　●東京都渋谷区富ケ谷2-17-7　☎03-3467-8468　取り寄せ可　※５月中旬～９月中旬の期間限定販売。２日前までに要予約。

楽しめる粒あんがおすすめです。

反対に寒い季節にぴったりなのは、晒《さらし》よし飴《あめ》本舗市場家《いちばや》の「晒よし飴」（p75）。グルメな方に飴でいいの？ と思われるかもしれませんが、この飴だけは特別です。まるで霜柱《しもばしら》の結晶のようで、口に入れるとざくっとくずれ、舌の上でとろけていく不思議な食感は、初めての方も多いと思います。初めてでない方も、きっと「これ、面白いですよね」と喜んでくれると思います。

「白小豆仕立水羊羹」や「晒よし飴」の2品は、めずらしさがセレクトのポイントです。純粋に味だけで勝負するよりも、そこに何がしかのめずらしさが加わったほうが、「はっ」としてもらいやすいと思います。逆に避けたほうがいいのは、定番ものです。クッキーやマドレーヌなどの焼き菓子やロールケーキなどは、好みに個人差がありますし、食べ慣れているだけに、その方自身の「ベスト」が決まっている場合もあるかもしれません。それに挑むよりも、「白小豆仕立水羊羹」や「晒よし飴」のような変化球で勝負するほうが私はいいと思います。「何、これ？」と興味をもってもらったうえで、「めずらしいですね」「面白いですね」と言ってもらえるようなスイーツのほうが、印象にも残ります。

一方、ケンズカフェ東京の「特撰ガトーショコラ」のポイントは、先にもお話しした通り、食べ方にあるんです。温度によって食感が異なることをぜひ説明してください。もしそれについてご存じなら、「いかがでしたか?」とご意見を聞いてみましょう。「知りませんでした。私も今度そうしてみます」と相手の経験に敬意を払うことで、グルメな方との会話は広がります。「私は常温で食べるのが、一番美味しいと思います」などと意見交換するのもいいですね。きっと互いの好奇心が刺激される、楽しい時間になりますよ。

巷《ちまた》で美味しいと言われているスイーツは、山ほどあります。ここでのキーワードは好奇心。それが〝通好み〟のする名品です。より会話を弾ませるためにも、ぜひお渡しする前に、ご自身で試食してくださいね。

スイーツが苦手な方には
フルーツたっぷりのさわやか系を

スイーツが苦手でも、フルーツを使ったスイーツなら大丈夫という方が意外と多いようです。スイーツ以外の手みやげとしては、お酒という選択肢もありますが、日本酒がいいのかワインがいいのか、ワインならどこのワインがいいのかと、好きな人ほど好みが細かく分かれますから、よほど親しい間柄でないかぎり、その方に喜んでいただけるものを選ぶのが難しいんです。フルーツを使ったスイーツなら、子どもから年配の方まで幅広く喜んでいただけますから、ご本人だけでなくご家族も一緒に楽しめます。

近江屋《おうみや》洋菓子店の「フルーツポンチ」（p79）は、パイナップルやグレープフルーツ、キウイ、ぶどうなどがシロップ漬けになったもの。カットされたフルーツが容器の中にぎっしりと詰まっているのがとても美しくて、見ているだけで楽しいんです。

サン・フルーツの
「フレッシュゼリー（レモン）」

レモンの皮にフレッシュなゼリーが入っています。みずみずしい酸味が元気をチャージしてくれそう。378円（１個）　●サン・フルーツ 東京ミッドタウン店／東京都港区赤坂9-7-4 東京ミッドタウンガレリア地下１階　☎03-5647-8388　取り寄せ可

近江《おうみ》屋《や》洋菓子店の
「フルーツポンチ」

パイナップルやさくらんぼなど、季節のフルーツがぎっしりと美しく詰め合わされています。2592円（１ℓ）、2754円（１ℓ・箱入り）　●東京都千代田区神田淡路町2-4　☎03-3251-1088　取り寄せ可　※内容は季節により異なります。

中身のフルーツも夏にはすいかが、冬には金柑《きんかん》が入っていたりと、季節ごとに替わるので、「今日は何が入っているんだろう?」とワクワク。フルーツごとにカットの仕方を変えていて、食べやすい点もいいですね。あまりに好きすぎて、わが家に来る友人に自分からリクエストすることもあるほど(笑)。

もうひとつのおすすめは、サン・フルーツの「フレッシュゼリー(レモン)」(p79)。生のレモンをくりぬいてゼリーを詰めているのですが、このゼリーが固すぎずゆるすぎず、レモンのフレッシュ感がそのまま伝わってくる味わいで、とても爽快!食べた人に元気を与えてくれる味なんです。箱の中にレモンがコロンと並んでいる様子もとてもかわいい。最近お疲れぎみの方や、ひとり暮らしでフルーツ不足になりがちな方へお渡ししても、きっと喜んでもらえると思います。

ゼリーの種類には、オレンジとグレープフルーツもありますが、私はレモンが一番好きなので、お店ではそれだけを箱に詰めてもらいます。手みやげを選ぶ際、店頭にある商品を何種類か詰め合わせにしてもらう方も多いと思います。このゼリーの場合も、オレンジやグレープフルーツがあるならと、3種類を詰め合わせて贈ってもいいんです。だけど私はあれこれと欲張るよりも1種類に決めたほうが、この場合はインパクトがあると思っています。何より私自身、レモンが大好きだから、自信をもって「これ、美味しいんですよ！」とお伝えできるから。

スイーツが苦手な方には、生のフルーツもいいと思います。ただしその場合は、皮をむいたりカットしたりする必要のあるメロンや桃などより、ぶどうやいちご、さくらんぼなど切り分ける必要のないもののほうが、手軽に食べられていいですね。手みやげにするなら、もちろんスーパーなどではなく、デパートや高級果物店で購入するようにしましょう。いつでも自分で購入できるものより、少し手が届かない上質なものを選ぶほうが、手みやげでは確実に喜ばれます。

紹介したフルーツを使ったふたつのスイーツは、スイーツが苦手な私の夫も大好き。フレッシュ感があって、砂糖をたっぷり使ったスイーツのように、口に残る甘さがなくて食べやすいようです。「スイーツが苦手」と聞いてもあせらないで、ぜひ「フルーツを使ったスイーツ」を思い出してください。

誰もが好きなシュークリーム、プリンの鉄板をもつ

シュークリームとプリンは、スイーツのなかでも誰もが知っている定番中の定番。多くの人にとって、子どもの頃からなじみのあるスイーツで、「嫌い」という人を知りません。手みやげとしても大活躍するアイテムですが、選び方が意外と難しいんです。たいていの洋菓子店で見かけるスイーツですが、それゆえ少しでも個性を出そうとするお店も多く、さまざまなタイプのシュークリーム、プリンが登場しています。

シュークリームなら、大きさからシュー生地の固さやクリームの種類まで、お店ごとにスタイルがあり、プリンも同様です。新しい商品も次から次へと発売されています。そんなふうに、ストライクゾーンがとても広いスイーツですが、手みやげにする場合は、一体どれを選べばいいのでしょう。

私なら、「ザ・シュークリーム」「ザ・プリン」と呼べるような王道のものを選びま

しろたえの
「シュークリーム」

ふわふわのシューの中に、ぎっしりと詰まったカスタードクリーム。変わらない味がファンを魅了。１個ずつ紙のカップにのせてあるから便利。夕方には売り切れることも。
180円（１個）　●東京都港区赤坂4-1-4　☎03-3586-9039　取り寄せ不可

す。多くの人は、どちらのスイーツもこれまで何度も食べたことがあるでしょうから、新しいシュークリーム、めずらしいプリンを試してみたい気持ちはあると思います。だけど定番中の定番だけに、嗜好《しこう》は意外と保守的。たまに冒険しても、「やっぱりこれ」という味に安心するのです。

しろたえの「シュークリーム」（p83）は、20代の頃、勤めていた広告代理店で手みやげとしてよくいただいていました。小ぶりだからフォークなしで食べられること、シュークリームが白い紙のカップにのせてあってお皿も不要なことから、オフィスで大好評でしたが、一番の魅力はそのオーソドックスな味わいです。ふんわりと柔らかいシュー生地の中には、卵をたっぷり使ったカスタードクリームが詰まっていて、これぞまさしく、という味。20年以上前から変わらない美味しさに毎回感動しています。最近は、生クリームを加えたり、バニラビーンズやラム酒を利かせたりしたカスタードクリームも人気ですが、オーソドックスな味は、やはり人をほっとさせますね。

グーテ・ド・ママンの「キャラメルプディング」（p86）も食べるたびに、「やっぱりこれが一番！」と思わせてくれるプリンです。卵の優しい風味とほろ苦いカラメルソースとの相性が抜群で、最近多い「ふわとろ」プリンとは一線を画す、しっかり詰まった食感。初めて食べても、初めての感じがしない懐かしい味わいです。

この2品はどちらも、「誰もが美味しい」と思う味を極めています。シュークリームもプリンも、スイーツの定番中の定番だからこその直球勝負です。手みやげ選びに迷ったとき、たとえば相手のことをまだよく知らなかったり、ホームパーティなど人数の多い集まり、あるいは幼い子どもから年配の方までがそろう親戚の集まりなどに手みやげをおもちしたりするときには、最後の切り札として活躍してくれると思います。ご自身でも、シュークリームやプリンは、ぜひ「これ」という鉄板を探してみてください。奇をてらわない王道のものがいいですね。それが決まれば、手みやげ選びの第1ステージはクリア。きっと、あらゆるシーンで活用できる、頼れる存在になると思います。

グーテ・ド・ママンの「キャラメルプディング」

東京・三田で30年以上続く店の懐かしい味わいのプリン。パティシエールが卵をたっぷり使って作っています。香ばしいカラメルとの相性も抜群。410円（１個）　●東京都港区三田2-17-29　グランデ三田１階　☎03-3456-3205　取り寄せ可

MY最強鉄板！〝勝負スイーツ〟

手みやげをおもちする際、最近では「ギフトコンシェルジュの裏地さんは、どんな手みやげをもってきてくれるのだろう？」と注目されることが増えました。正直なところプレッシャーも感じますが、これまでお話ししてきた通り、手みやげは気張りすぎないほうがいいと常々思っています。相手に喜んでいただくことが第一。それで気に入っていただければ、自然と私自身にも好感を抱いてくださると思うのです。実際に、手みやげが思いがけず人間関係や仕事をいい方向に導いてくれたことは、何度もあります。私自身は手みやげをお渡ししたことすら忘れかけていたのに、数年後に「あのときのあれは美味しかったです」と言われて、とても嬉しかったことも幾度となくあります。

そんな私が実際に選ぶ手みやげは、じつはオーソドックスな名品が多いんです。そもそも手みやげ以外でも、ベーシックなものが落ち着く気がします。もちろん性格的にはミーハーなところもありますが、好みで言えばコンサバ。ファッションもそうですし、器やインテリア、音楽なども、流行のものや奇をてらったものがあまり好きではありません。正統派の持つ安定感、信頼感は、何ものにも代えがたい価値があると思っているんです。

だから、私自身の鉄板手みやげは、長く続くお店の定番商品ばかり。たとえば、さかぐちの「京にしき」（p90）。さかぐちは、東京・九段にある、あられとおかきの専門店で、昭和27年に創業した老舗です。「京にしき」という海苔《のり》あられは、初めて缶を開けたときに、誰もが思わず「まあ！」と感嘆の声を上げる名品。缶の中に海苔あられがびっしりと詰まっている様子は壮観です。薄焼きにした醤油味のあられは、お米のうまみに醤油の香ばしさが加わりつい食べすぎてしまう美味しさ。外側に巻いた海苔もしっかりと厚みがあって、つまむとぱりっと音を立てます。これほど満足度の高いあられはなかなかないと思います。

東京・学芸大学《がくげいだいがく》にあるマッターホーンの「バウムクーヘン」（p91）は、60年以上続く洋菓子店の人気スイーツ。きめ細かくしっとりとしたバウムクーヘンで、私はいつもホールではなく、スライスした2枚が個包装になっているものを選んでいます。バウムクーヘンは断面が年輪のように見えることから、長寿や繁栄を意味する縁起のよいスイーツ。しかもこれはスライスした形がちょうど扇形になっていて、ますますおめでたさを感じると思います。鈴木信太郎画伯がイラストを手がけた、ピンク色のレトロな包装紙も一見の価値ありですよ。

これらはどれも長く続いてきたお店の人気商品ですが、もちろん、理由はそれだけではありません。さかぐちの「京にしき」は、海苔を巻いたあられが上質であることに加え、缶を開けたときに新鮮な驚きがあります。私自身も初めていただいたときは、「何、これ!?」とずいぶん驚きましたから、相手にもその楽しさを体験してもらいたいんです。マッターホーンの「バウムクーヘン」も定番商品ではありますが、あえてホールではなく個包装のものを選びます。そうすれば、先方の手をわずらわせることがありません。

何かをお贈りするときは、決して「なんとなく」選ぶということはしません。老舗だから安心、ではなくて、そのお店の商品のなかでもどれが好きなのか、どれが喜ばれるのかをしっかり吟味《ぎんみ》するようにしています。この2品もそうですし、これから紹

さかぐちの
「京にしき」

ぱりっとした大判の海苔が巻いてある、昔ながらの製法のあられは歯触りがよく美味。缶の端から端まで詰まっている様子は壮観です。4320円（300g・缶入り）　●東京都千代田区九段北4-1-5　市ヶ谷法曹ビル1F　☎03-3265-8601　取り寄せ可

マッターホーンの
「バウムクーヘン」

きめ細かくしっとりと焼き上げられたバウムクーヘン。スライスしてあるから食べやすく、縁起のよい扇形も好感度大。300円（1セット2枚）、詰め合わせ3000円（10セット入り）　●東京都目黒区鷹番3-5-1
☎03-3716-3311　取り寄せ可

介するものも同様です。

ほかに、とらやの「小形羊羹《こがたようかん》」（ｐ99）の詰め合わせや、たちばなの「かりんとう（さえだ）」（ｐ143）は、ずっと使い続けてきた鉄板手みやげです。ただし、これらもただ「老舗の定番商品だから」と選んでいるわけではありません。とらやの「小形羊羹」は、定番ようかんと違ってひと口サイズの個包装。だから食べやすいんです。たちばなのかりんとうも、太めの「ころ」と細い「さえだ」の2種類ありますが、私は必ず「さえだ」にします。さらっと軽い食感とまろやかな甘みのこのサイズが、私のベストかりんとうなんです。そして最近、私の〝勝負スイーツ〟として急上昇中なのが、バビの「ワッフェリーニ　ピスタチオ」（ｐ23）です。第1章でも紹介したイタリアの名門スイーツブランドのオリジナルウエハースですが、このスイーツのさくっとした食感と繊細な口どけは、どなたにもご満足いただけるはず。

こうして自分なりに選び抜いたこの5品が、帰省時の手みやげにもたびたび登場する、私の手みやげランキングトップ5です。

第3章
1000円以下が魅力のプチプラスイーツ

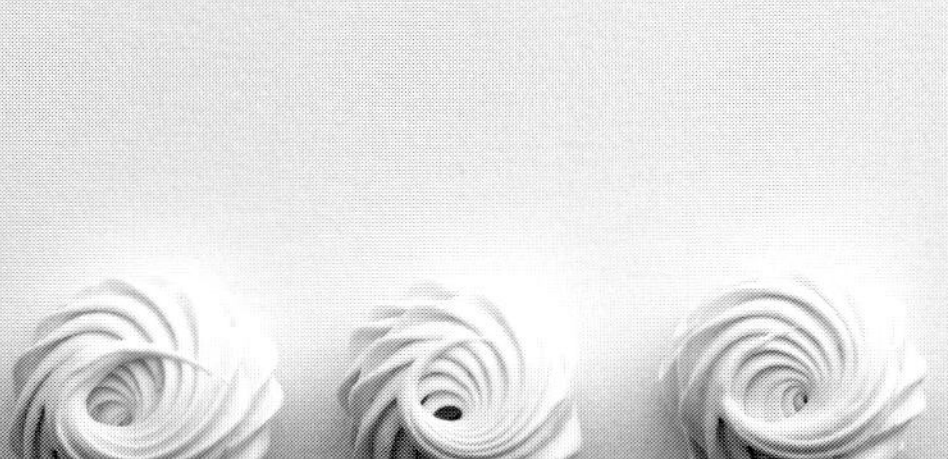

この章では、1000円もしないようなプチプライス、略して〝プチプラ〟の気軽なスイーツギフトの話をしたいと思います。私には日頃から、スイーツに限らずプチギフトの習慣があります。友人、知人たちとのお食事会や仕事の打ち合わせ、あるいは自宅でのもちよりパーティのときなどに用意して「はい、これどうぞ」とお渡しするんです。相手は、まさかそんな用意があるとは思っていないから、「えっ、何？　もらっていいの？」「まあ、嬉しい！　ありがとう」と大喜びしてくれます。

2000円以上するようなスイーツをお渡しする際は、それなりの理由がある場合がほとんど。たとえばご自宅を訪問する際は手みやげを用意しますし、ご自宅ではない場合も、何かのご挨拶やお礼、お詫びなどの用件でお会いするなら、きちんとした手みやげがあったほうが丁寧で心がこもっている印象をもってもらえます。

プチプラスイーツを贈るのは、もっと気軽なシーンです。ただお茶するだけのときでも、自宅に遊びにきてもらったときでもいいんです。たとえば、相手が最近体調を崩されていて久しぶりに会うなら「お元気そうでよかったわ」と言葉を添えて、「これどうぞ」とお渡しするんです。思いがけないタイミングだから、相手はとても無邪気に喜んでくれます。お渡しするだけで「気が利くな」と思ってもらえますし、お渡ししたスイーツによっては、「心遣いのある人」「センスのいい人」「デキる人」とさらに評価が高まることも。プチプラだから、相手もお礼に気をもむ必要がありません。だからこそ効果は絶大！

この章では、そんな何気ないシーンに使えるプチプラスイーツを紹介します。たとえプチプラであっても、選び方次第で相手の受ける印象は大きく変わります。老舗のプチプラ、パッケージがかわいいプチプラにはどんなものがあるでしょうか。さらに、プチプラをワンランクアップさせる合わせ技も紹介します。プチプラ使いをマスターすれば、手みやげの達人までもうひと息。プチプラスイーツをぜひ効果的に活用してください。

老舗だってプチプラの逸品がある

〝プチプラ〟と聞くと、ただの安物をイメージする方もいるかもしれません。プチプライスの略で、コスメや服、雑貨などによく使われる言葉ですが、ただ安いだけのものではなく、手頃な値段で高級品に負けないくらいの品質を保っているものによく使われます。いまは〝いいものは高くて当然〟ではなく、手頃でいいものがたくさんあるんです。

そのひとつが老舗のプチプラ。意外に感じる方もいるのですが、じつはあのとらやにもあるんです、プチプラが。とらやと言えばようかん。一番大きい「大棹羊羹《おおざおようかん》」は1棹《さお》5000円以上もする名品ですが、1本260円の「小形羊羹」（p99）がそれ。ひと口サイズに小分けになったようかんで、製法は「大棹羊羹」と同じですからもちろん美味。1本食べるだけで元気になれる、私も大好きなスイーツです。この

「小形羊羹」のシリーズは、代表格の「夜の梅」や「おもかげ」のほか、「小形羊羹」だけで展開している「はちみつ」や「紅茶」など全部で5種類あって、「大棹羊羹」とは異なる、遊び心を感じます。切り分ける必要がないので、先方の手をわずらわせませんし、日もちもしますから贈り物にぴったり。いまでは私にとって、とらやのようかんと言えばこれ、というくらい気に入っています。

もうひとつは、東京・銀座にある、和光《わこう》の「どら焼き」（p99）です。時計や宝石などを扱う和光は銀座の顔とも言われる高級店で、銀座4丁目の交差点に立つ時計塔でも有名です。このお店が「どら焼き」を販売していることに驚く方も多いんです。「え、和光がどら焼き?」って。あるんです。値段は1個259円。ふっくらと焼き上がった皮には黒糖が使われていて、少しコクのある甘み。そして中央には和光の焼き印があって、歴史ある名店らしい貫禄を醸《かも》し出しています。

どちらのお店も、ブランドイメージを守りつつ、時代に合う商品を手がける点はさすが。このように老舗にも、意外とプチプラスイーツがあるんです。これを久しぶりに会った友人に、「最近のお気に入りなの。どうぞ!」とお渡しすると「これ、とらやのようかんなの?」と驚かれることがよくあります。老舗とプチプラのギャップに驚かれるのでしょうね。どちらもまさに知る人ぞ知る商品です。「知らなかったわ」と言われたら、「素敵でしょう？」と楽しくやりとりしてください。

老舗のプチプラスイーツは、もちろん老舗の名に恥じないスイーツです。だから箱に詰め合わせてしまうと、老舗のスイーツだけにいかにも「ご用意しました」となってしまい、受けとるほうも身構えてしまいます。もちろん箱に詰め合わせて、手みやげとしての利用にも向いていますよ。私もとらやの「小形羊羹」は、箱に詰め合わせて鉄板手みやげとしてフル活用していますから。でも〝プチプラ〟として利用するなら、あくまでカジュアルに。1本をそのままでも、あるいは何本かを袋に入れて、「はい！」と気軽な感じで渡してみましょう。

自分と同世代なら、「老舗のプチプラ」という意外性がすごくウケるのですが、年配の方には、いくら老舗とはいえ、プチプラスイーツをお渡ししてもいいのかと迷うかもしれません。こうした気遣いが通じるかどうかは、相手の考え方、あるいは関係性にもよるんです。年配の方のなかには、カジュアルな包装に戸惑う方もいますし、気軽な贈り物でも「お返し」を気にする方がいないわけではありません。判断するとしたら、「どうぞ召し上がってください」と気軽に差し出せる相手かどうか、「お返し

和光《わこう》の「どら焼き」

黒糖を使用したコクのある皮は、ふんわりとした焼き上がり。中に粒あんがたっぷり詰まっています。表面には「和光」の焼き印が。259円（1個）　●東京都中央区銀座4-4-8 和光アネックス グルメサロン　☎03-5250-3101（代）　取り寄せ不可

とらやの「小形羊羹《こがたようかん》」

伝統の味がひと口サイズに。カットする手間が不要で日もちもするから、手みやげ向き。「はちみつ」と「紅茶」はこのサイズだけの展開です。260円（1本）、1404円（5本・化粧箱入り）　●東京都港区赤坂4-9-22 ☎03-3408-4121（代）　取り寄せ可

は気にしないでくださいね」と言い添えられる相手かどうかでしょうか。「そんなこと、とても言える相手ではない」と思うなら、避けたほうがいいかもしれません。

でもこうしたプチギフトで、相手との距離がぐんと縮まった経験を、私はたくさんしてきました。たとえば体調をくずされて外出を控えていらした方や、しばらく入院されていた方と久しぶりにお会いしたときに、「お元気そうで安心しました。よかったら、これを召し上がってくださいね」とお渡ししたり、ご旅行に行かれるときに餞《せん》別《べつ》として「車中でどうぞ」とお渡しすることも。私の周囲では、箱に詰めてきちんと包装したものではなく、簡素にお渡しするのは、お返しやおみやげを気にしないでくださいね、という暗黙のメッセージと理解してくださる方がほとんどです。気軽な雰囲気で渡すことがポイントなのかもしれません。

老舗のプチプラスイーツであれば、手近にあるものを、ただ思いつきでもってきたわけではないことが伝わります。わざわざ自分のためにそれを用意してくれたとわかってもらえれば、悪くはとられないはず。年配の方に対しても臆《おく》せず、お渡ししてみる価値はあると思います。〝老舗〟という看板も強い味方です。気軽なギフトのやりとりができるようになれば、きっとますます関係が深まると思いますよ。

引き菓子には
パッケージがかわいいものを！

引き菓子と言うと、結婚式や披露宴に出席してくださった方に、引き出物に添えて贈るお菓子を連想する方が多いと思うのですが、私がここで紹介するのは、もっとカジュアルな引き菓子。たとえば、会費制の結婚披露パーティや結婚式の二次会などでは、引き出物を用意する習慣はありません。だけど出席してくださった方々に感謝の気持ちを伝えたいからと、帰り際に、「今日は出席してくださって、ありがとうございました」とスイーツをお渡しするカップルも多いですね。

引き出物に添えて贈る引き菓子は、1000円以上するものを選ぶ方がほとんどですが、こうしたケースでは、プチプラスイーツが大活躍。しかもおめでたい席でお渡しするものですから、やはり見た目が大切。かわいくて気持ちが明るくなるようなものがいいですね。

お渡しする機会は、結婚披露パーティばかりではありません。ほかにも誕生パーティや出版記念パーティ、お稽古事の発表会や舞台、個展など、足を運んでくださった方に感謝を伝えたいシーンはいろいろとあります。こういう場には特に決まったしきたりはありませんから、引き菓子を用意しなければいけないわけではないんです。もちろん特別なお祝いをいただいた場合には、相応のお礼も必要ですが、出席者全員にそれなりの価格のものをお渡ししようと思っても予算が足りませんし、「差し入れをもっていったほうがよかったかしら？」とかえって戸惑わせることになります。素直に「来てくれてありがとう」という気持ちを伝えたいなら、その場でプチプラスイーツを手渡しするやり方が一番スマートだと思います。

それでは、私がおすすめするプチプラスイーツを紹介します。

ひとつは、クロッシェの「京あめ」（p103）。これは、京都で私が主宰している華道教室の生徒さんが「桂子さんのイメージにぴったり」とプレゼントしてくれて、初めて知りました。この「京あめ」は、色や形のバリエーションが30種類以上あるのですが、彼女が私のために選んでくれたのは、ブルーとこげ茶のストライプの「瑠璃《るり》」。じつは私の自宅リビングの壁紙は、この色の組み合わせなんです。それを覚えていて

クロッシェの
「京あめ」

伝統の技で丁寧に手作りする京あめを、鮮やかな色と柄で表現。水引のついたパッケージもあります。手前から寿手鞠（40g）、京桜（35g）、瑠璃（35g）各540円　●京都市下京区綾小路富小路東入塩屋町69　☎075-744-0840　取り寄せ可くれたのですね。これは、彼女から私へのプチギフト。その気持ちがとても嬉しかったです。この「京あめ」は、「瑠璃」以外にも本当に美しい色合いをしたものがそろっていて、眺めているだけで気分がいいんです。口どけもよく意外とあっさりしていて、甘さが後を引きません。しかもこれ、パッケージに水引をつけてもらうことができるんです。水引の色は、写真のピンク以外にも、白やグリーン、パープルがあります。まさに引き菓子にぴったりのスイーツですね。

もうひとつは、コノミの「プラリネ」（p106）。焙煎《ばいせん》したナッツやドライフルーツに、砂糖を加えてキャラメリゼした小さなプラリネは、香ばしいキャラメル味で誰もが好きな味。パッケージはバッグ形になっていて、ラッピングせずそのまま手渡しできますから、カジュアルな引き菓子としておすすめです。持ち手のブルーは、花嫁さんのサムシングブルーにも通じますね。私自身の出版記念パーティでも、来てくださった方に引き菓子としてお渡しして、かなり喜んでいただけたんですよ。

ほかに、福砂屋の「フクサヤ キューブ」（p143）もピンクやオレンジ、黄色などのキューブ形のパッケージがかわいくておすすめです。こちらは1個270円で、もちろん中身はカステラ。老舗のプチプラスイーツとしても使えそうですね。

プチギフトのスイーツは、見た目もとっても大切な要素だと思います。特に贈り物にする場合は、パッと見てかわいいもの、美しいものは、ぐんとテンションを上げてくれますから、それがスイーツへの評価にも直結します。おめでたい場でお渡しするプチプラスイーツなら、なおのこと見た目も重視しましょう。かわいさ、美しさを備えたスイーツは、主役の人たちの感謝の気持ちだけでなく、ハッピー感も伝えてくれます。受けとった方の間で、「来てよかった」「私もこんなふうにしてみたい」とどんどんハッピー感が広がっていくといいですね。

コノミの
「プラリネ」

丁寧に焙煎した香ばしいナッツと、甘いキャラメルのマリアージュ。水色がポイントのバッグ形パッケージは、女性に喜ばれそう。プチサック・フィグ500円　●東京都中央区日本橋室町2-2-1 コレド室町１階 ☎03-6262-3731　取り寄せ不可

プチプラはお酒やお茶とのダブル使いが有効

ここでは、プチプラスイーツを格上げする方法を提案したいと思います。美味しくても、見た目がよくても、やはりプチプラはプチプラ。手みやげとして持参するには、気後《きおく》れすることもあります。だけど、箱詰めにしてきちんと包装紙でラッピングしたスイーツをもっていくのが場違いと感じることも。友人の仕事場や自宅にふらりと立ち寄るようなときですね。もともと長居するつもりはないし、とは言え、プチプラスイーツだけというのもあまりにカジュアルだし……。そんなときには、プチプラスイーツにお酒やお茶を組み合わせたダブル使いはいかがでしょうか。

たとえば、鳴海屋《なるみや》の「あられ茶漬け」（p110）と丸八製茶場《まるはちせいちゃじょう》の「加賀棒茶《かがぼうちゃ》」（p110）。「あられ茶漬け」は、お茶漬け用に開発されたあられですが、そのままぽりぽりと食べても美味しいんです。もとがお茶漬け用ですから、お茶との相性がいいことは言うまでもありません。手みやげが「あられ茶漬け」だけだととてもシンプルなので、相手もどう反応すればいいのか戸惑ってしまいそうですが、「ご一緒にどうぞ」とお茶を添えてお渡しすれば、気の利いた手みやげに一気に格上げされます。

オザワ洋菓子店の「イチゴシャンデ」（p111）は、いちごを使った1個180円のスイーツ。キノコのような形のチョコレートの中には、クッキー生地の上にのった丸ごと1個のいちごと、生クリームが入っています。これと一緒にお持ちしたいのがロゼのシャンパーニュ、モエ・エ・シャンドンの「ロゼ アンペリアル」（p111）です。

普段は、手みやげとしてお酒をおもちすることを、私はあまりおすすめしていません。お酒は好きな人ほど好みがありますから、ご満足いただけるものを用意することが難しいんです。でもシャンパーニュだけは別格。飲みやすいお酒ですし、発泡酒独特の華やかさはハッピー感を演出し、どなたにも喜んでいただけます。そして何より、スイーツとの相性も抜群！　この場合、紅茶ではなくあえてシャンパーニュというのがしゃれていると思います。必ずしもフルボトルを用意する必要はありません。ハーフボトルや、さらに小さいピッコロサイズもありますから、先方の人数に合わせて選ぶといいでしょう。

このふたつのプチプラスイーツと飲み物の組み合わせは、ほんの一例です。エッグタルトとコーヒー、お気に入りのクッキーと紅茶、あるいは、カレービーンズと缶ビール、自然食品の店で売っているような無添加のポテトチップスと外国産の缶ビールなど、組み合わせはまだまだたくさんあると思います。これらを参考にしながら、ぜひご自身のベストの組み合わせを発掘してください。

選ぶ際の注意点は、飲み物の形状です。私はコーヒーや紅茶、お茶を贈り物にする際には必ず、ドリップバッグやティーバッグのものを選びます。先に挙げた「加賀棒茶」はもちろん茶葉でも売っていますが、あえてティーバッグのものを選びます。私自身が毎日多忙で、コーヒー豆や茶葉をいただいてもゆっくり淹《い》れる時間がないんです。かつては、ドリップバッグのコーヒーやティーバッグの紅茶と言うと、あまり上質のものは見つかりませんでしたが、最近は探せば美味しいものがたくさんありますから、自宅ではもっぱらそうした商品を利用するようになりました。手みやげの鉄則は、先方の手をわずらわせないこと。コーヒーにこだわりのある方、紅茶の淹れ方に詳しい方なら別ですが、一般的には、手間のかからないものが喜ばれる傾向にあると思います。お茶やコーヒー、紅茶をおもちする場合は、手間のかからない、それでい

鳴海屋《なるみや》の
「あられ茶漬け」

素材にこだわったあられにたまり醤油をしみ込ませ、最後に京七味でピリッと仕上げています。お茶漬け用ですが、そのまま食べても美味しい。七味味356円（70g）　●京都市右京区西院西貝川町99　☎075-881-0881　取り寄せ可

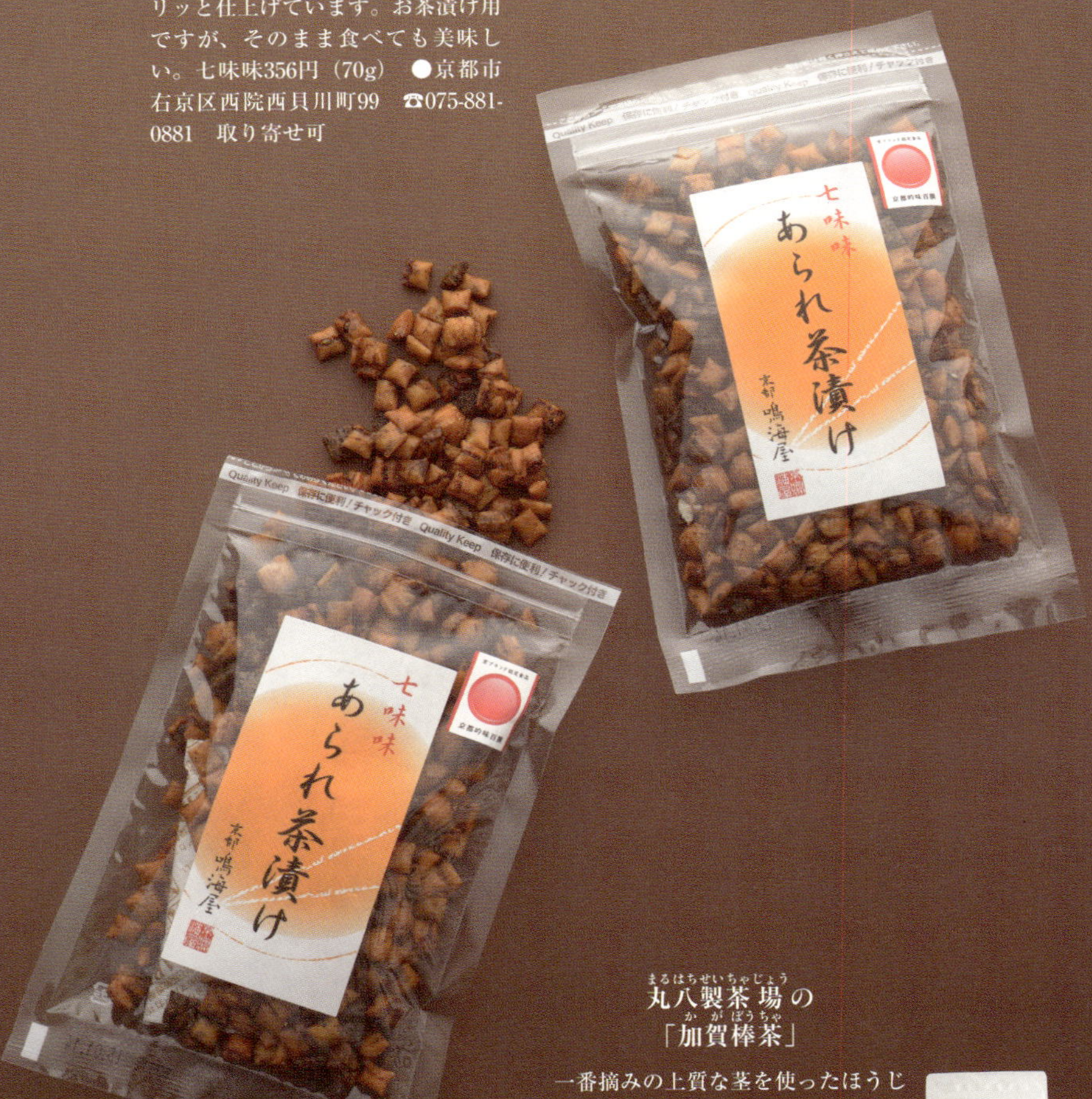

丸八製茶場《まるはちせいちゃじょう》の
「加賀棒茶《かがぼうちゃ》」

一番摘みの上質な茎を使ったほうじ茶は、「あられ茶漬け」との相性も抜群。先方の手をわずらわせない「ティーバッグ　テトラタイプ」がおすすめ。648円（3g×12ケ袋入）
●石川県加賀市動橋町タ1番8
☎0120-41-5578　取り寄せ可

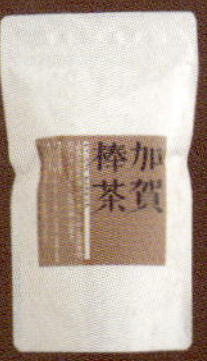

モエ・エ・シャンドンの「ロゼ アンペリアル」

鮮やかな酸を感じさせる、ロゼ・シャンパーニュは、口中で「イチゴシャンデ」の酸味と甘みを包み込みます。ハーフボトル4428円 ●東京都千代田区神田神保町1-105 神保町三井ビル13階 ☎03-5217-9906 取り寄せ不可 ※箱代別途。

オザワ洋菓子店の「イチゴシャンデ」

クッキー生地の上にいちごをのせて、ホイップした生クリームと一緒にチョコレートでコーティング。チョコレート色の外見とのギャップが面白い！ 180円（小1個）●東京都文京区本郷3-22-9 ☎03-3815-9554 取り寄せ不可て味に妥協のないものを選ぶよう心がけるようにしましょう。

プチプラスイーツだけだと、日常の食べ物というイメージが強いのですが、飲み物と組み合わせることで、それを楽しむ豊かな時間が提案できます。ゆっくりお茶を飲みながらあられをつまんだり、シャンパーニュグラスを片手に、イチゴシャンデを口に運んだり……。お渡しする際にはぜひ、「これがお気に入りの組み合わせなんです」「ご一緒にどうぞ」などと自信をもっておすすめしてくださいね。受けとった方はきっと、ワクワクしながら試してくださるはずです。

第4章
「手みやげの達人」と呼ばれるまで

幼い頃から、「好き」なものにこだわってきた

私の贈り物についての経験は、子どもの頃、周囲の大人たちから与えられた、たくさんのプレゼントから始まりました。父方でも母方でも初孫にあたり、しかもひとりっ子でしたから、誕生日やクリスマス、入園、入学とイベントごとにたくさんのプレゼントをもらっていたんです。リボンをほどき、包装紙を開いていくときのワクワクする感じを、いまもありありと思い出せます。ものを贈ることは気持ちを贈ること。幼い頃の私は、大人たちが贈り物と一緒に与えてくれる善意を、本当に心地よく受け止めていました。

同時に、「好き」にこだわるところがその頃からありました。たしか小学生だったときです。大好きないちごのショートケーキを食べようとしたら、スポンジケーキの間にはさんであるのがいちご以外のフルーツだと気づいて、とても悲しい気分になったことを覚えています。ケーキの一番上にのっているのはいちごなのに、どうして中には別のフルーツが入っているの？と。それは私の大好きないちごのショートケーキ

ではありませんでした。以来、母は私の誕生日に買うホールのショートケーキは、間にはさむフルーツもいちごで、と洋菓子店にオーダーしてくれるようになりました。自分の「好き」がはっきりしているという私の感性は、贈り物を選ぶ、ギフトコンシェルジュという仕事でも大いに役立っています。

そして大人になり、自分で選んだものを贈るようになったとき、私の記憶にあったのは、贈り物は贈った人も贈られた人も幸せな気分にしてくれるものだということ。幼い頃から、いただくものはどんなものでも嬉しかったんです。私のためにそれを選んでくれた気持ちを、子どもなりにありがたく受け止めていました。だから私自身が、今度は贈る側に立ったときも相手に喜んでもらいたい、という純粋な気持ちを大切にしています。

だけど突き詰めて考えれば、私自身の自己満足的な部分があるような気も……。自分の「好き」にこだわる私は、自分が気に入ったものに共感してもらうことが嬉しくてたまらないんです（笑）。贈り物をするときも、相手に「これ、素敵だと思いませんか？」という感覚。だから、「まあ、かわいい！」「どこで見つけたの？」と言われると、「これはね……」と夢中で説明してしまいます。

そんな性格だから、親しい友人には、特に理由がなくても美味しいプチギフトをよく贈っています。すると、友人からも「美味しいものを見つけたから」とプチギフトをもらうようになって、私の周囲では、美味しいものがどんどん行き交うように。20代の頃は、神戸の有名な洋菓子店のフィナンシェを関西在住の叔母から送ってもらって同世代の友人への手みやげにしたり、夫の生まれ育った東京の下町で見つけた美味しいものを、私の実家への手みやげにしたりもしていました。当時勤めていた会社で、全国各地の美味しい手みやげと出会ったのもこの頃。しろたえの「シュークリーム」（p83）は、以来ずっと「大好き」です。

ライターになって学んだリサーチの大切さ

ただその当時の私は、美味しいものに詳しかったにもかかわらず、きちんとした手みやげと言えば、とらやの「大棹羊羹《おおざおようかん》」だと思っていました。フォーマルな場には、誰もが知るような老舗の定番品を箱入りでおもちするのが礼儀だと信じていたんです。友人同士でもないのに、プチプラスイーツなんてとんでもないと思っていましたし、きちんと箱に納められていないものを手みやげにする感覚もありませんでした。

ところが30代になって、ライターとして仕事を始めると事情が一変しました。一流女性誌の編集部の仕事をするようになり、編集者から、「取材先には手みやげをおもちしてくださいね」と指示されるようになったんです。手みやげは高価なものである必要はありませんが、一流女性誌の看板に恥ずかしくないものを用意しなくては、と頭を悩ませました。何を選べばいいのでしょう。取材で出会う相手はほとんどが初対面。私に対して好感をもってもらわないことには、取材がうまく進みません。だから毎回とらやのようかんというわけにはいかず、それまでに培った「美味しいスイーツ情報」をフル稼働させて考える日々でした。

そうした毎日のなかで気づいたのは、手みやげをもらってイヤな人はいないのだということ。気難しそうに見える方でも、めずらしい手みやげをお渡しすると、「これ、前から食べたかったんだよね」と相好《そうごう》をくずしたり、季節のスイーツを用意したところから、会話が弾んだり。

そんな経験を積みながら、誰が、どんな手みやげを喜んでくださるのかを学んでいきました。隠れた名店の佳品にワクワクしてくださる方もいれば、老舗の定番を信頼している方もいます。それはいまでも「人によります」と説明するしかありません。だから事前のリサーチが大切なんです。だけど個人でリサーチするには限界もありますよね。それなら面会の約束をする際に、「○○様は、甘いものはお好きですか？」「和菓子派ですか？」とさりげなくご本人にお聞きするのも手です。年配の男性が意外な甘党ぶりだったり、あるいは健康のため甘いものを控えていらっしゃったりと、手みやげ選びに有効な情報が手に入ります。ご本人に確かめることを、意外と躊躇《ちゅうちょ》する方が多いのですが、手みやげ選びの精度は確実に上がりますよ。

ところでこの本の巻末には、紹介したスイーツの値段別インデックスをつけています。贈るほうはもちろんですが、贈られるほうもやはり値段は気になるもの。かつては「値段のわかりにくいもの」が好まれていましたが、私は値段がわかるもののほうが相手に親切だと思っています。たいていの方は何かをいただくと、お返しを考えるものですし、調べる気になれば、いまはインターネットでたいていのものの値段はわかります。贈るときは、相手に値段は知られるものと覚悟しておいたほうがいいですね。そんな時代だからこそ、少量で上質なものを安心して贈れるようになりました（笑）。わざわざ「高そうに見えるもの」を選ばなくても、相手が価値をわかってくれることが多いんです。普段自分では買わないけれど食べてみたい「少量で上質なスイーツ」は、最近の手みやげ選びのポイントになっています。

こうして手みやげを通じて学んだことが、ギフトコンシェルジュの仕事として実を結びました。手みやげの効果は、具体的に分析することはできません。だけど私の人間関係を築くうえで、確実に役立ったと思っています。それを通じていいご縁がつながったからこそ、ここまで来られたのです。次は、そんな私の手みやげ歴のなかで、手みやげ効果をさらに高めてくれたアイテムを紹介します。

風呂敷は手みやげを格上げする魔法のアイテム

風呂敷（p123）は、手みやげをおもちする際によく使います。写真右の2枚は季節限定の高級素材の絽《ろ》ちりめんで、着物好きが見れば、「この人、やるわね」と思っていただけるようなもの。使用するのは6～9月です。手みやげを風呂敷に包むと、紙袋に入れてもち運ぶよりも少し素敵に見えませんか。中身は、和菓子に限定しなくてもいいんです。ただし、風呂敷に包んでもっていける場は限られています。紙袋のようにさっととり出せないので、立ったままでお渡しするようなときや、人が大勢いてにぎやかな場には合いません。和室でなくてもかまいませんが、座って面と向かって手みやげをお渡しできるようなときがいいですね。もちろん手みやげはとり出して相手にお渡しするのですが、風呂敷をほどいてとり出す動作はおごそかな感じがして、手みやげを格上げする、ある種パフォーマンスのような働きをします。だから私は、目上の方に届けるときだけではなく、親しい人に会うときにも使うんです。そういうときは、ちょっとお茶目な感じで「はい、どうぞ！」ととり出すと、「わあ、素敵！」と喜んでもらえますよ。一番好評だったのは、銀座にある老舗のパン屋さんのあんパンを箱に詰め、風呂敷に包んで手みやげにしたとき。風呂敷をほどいてとり出す間は、何が出てくるんだろうと相手もワクワク。箱を開くと中に入っているのは、おなじみのあんパン！　大いに盛り上がったパフォーマンスでした。

風呂敷は、名入りにするとさらにパフォーマンス力がアップ。写真左から2枚めの風呂敷は、絞りや名前の位置まで指定して作ってもらったもので、手みやげを包むとちょうどいい位置に「桂子」と出るようになっています。

オーダーメイドは達人ならではの楽しみ

お気に入りのデザインを見つけては、イニシャル入りのMYカード、MY便せんもたくさん作りました（p124）。メールやLINEなどで簡単にメッセージが送れる時代だからこそ、手書きの文字は以前にも増して価値があるように思います。手みやげに添えるとき、私はあまり長い文章を書きません。「おめでとうございます」「お招きありがとうございます」とひと言添える程度。だからカードや便せんも、あまり長い文章を書かなくていいものを選んでいます（笑）。それでもこんな、自分のオリジナルカードや便せんなら、ありきたりの言葉でも少し輝いて見えると思いませんか。こんなにたくさんそろえる必要はありませんが、作っておくと手みやげに華を添えてくれます。でも、お会いして手渡しできるなら口頭でメッセージを伝えられますから、わざわざカードや便せんは添えなくても大丈夫。あまり丁寧にやりすぎても、相手が負担に感じてしまいますから注意してくださいね。

もっと気軽なメッセージに使うのが、付せんやマスキングテープです（p125）。大きめの文房具店や雑貨店に行けば、けっこう見つかります。こちらはプチプラ用ですね。たとえばプチプラのダブル使いで、無添加のポテトチップスと外国産の缶ビールを組み合わせて差し入れるとき、付せんに「ファイト！」と書いてピッと貼っておいたことがあります。なんだかちょっと楽しいですよね。ただしこういう遊び心のある市販のグッズを使うときは、手みやげとのバランスを考えましょう。きちんと箱に入って包装されたスイーツなら、やはりカードや便せんを添えてくださいね。

そして最近お気に入りなのが、オリジナルデザインのラベルをつけたスイーツやワイン（p126）です。印刷してある私の名前のロゴは、知り合いのデザイナーに作ってもらったもの。これをワインのラベルに印刷してもらって、私の出版記念パーティで出したところ大好評！　手前は第1章でも紹介したバビのスイーツで、これも同じパーティで引き菓子にしました。私はずっと、自分が「これが好き」と思えるものを探し続けてきました。オリジナルラベルは、そうやって見つけてきたものを、いかに私らしく提供するか工夫を凝《こ》らしたもの。特別な機会にこうした演出をするのは楽しいですね。パーティに来てくださった方も、「私もやってみたいわ」と興味津々。思ったほど費用もかかりませんから、ぜひ何かの折にはトライしてください。

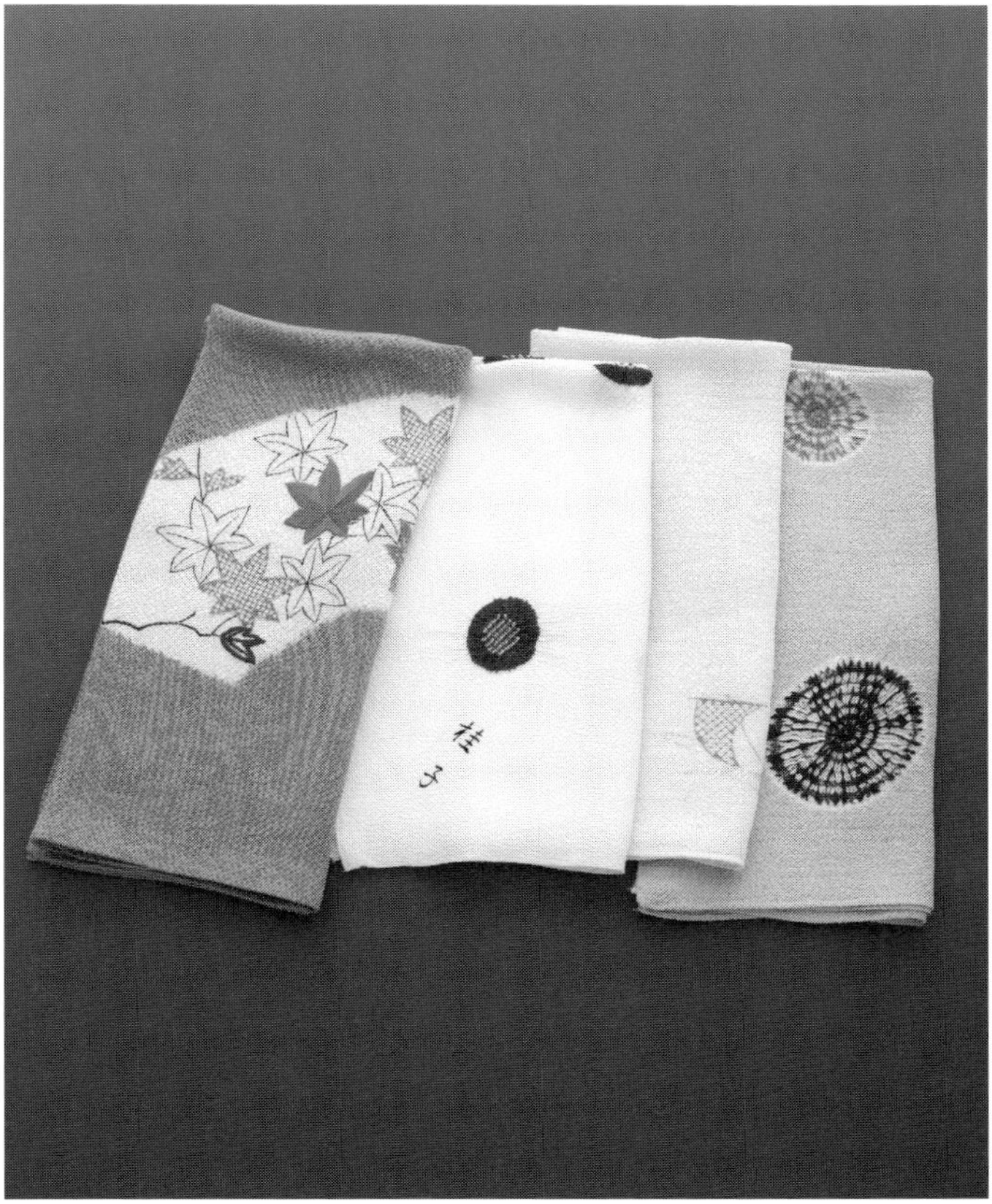

風呂敷で手みやげに気品を加えて

京都の「呉服 に志田」であつらえた、名入りの絽ちりめんとちりめんの風呂敷４枚。左から２枚めは色や絞りの位置を指定して作り、サイズは約66cm角。底面がA4サイズ以上のものをきれいに包めます。呉服 に志田 ☎075-231-3684 （すべて私物）

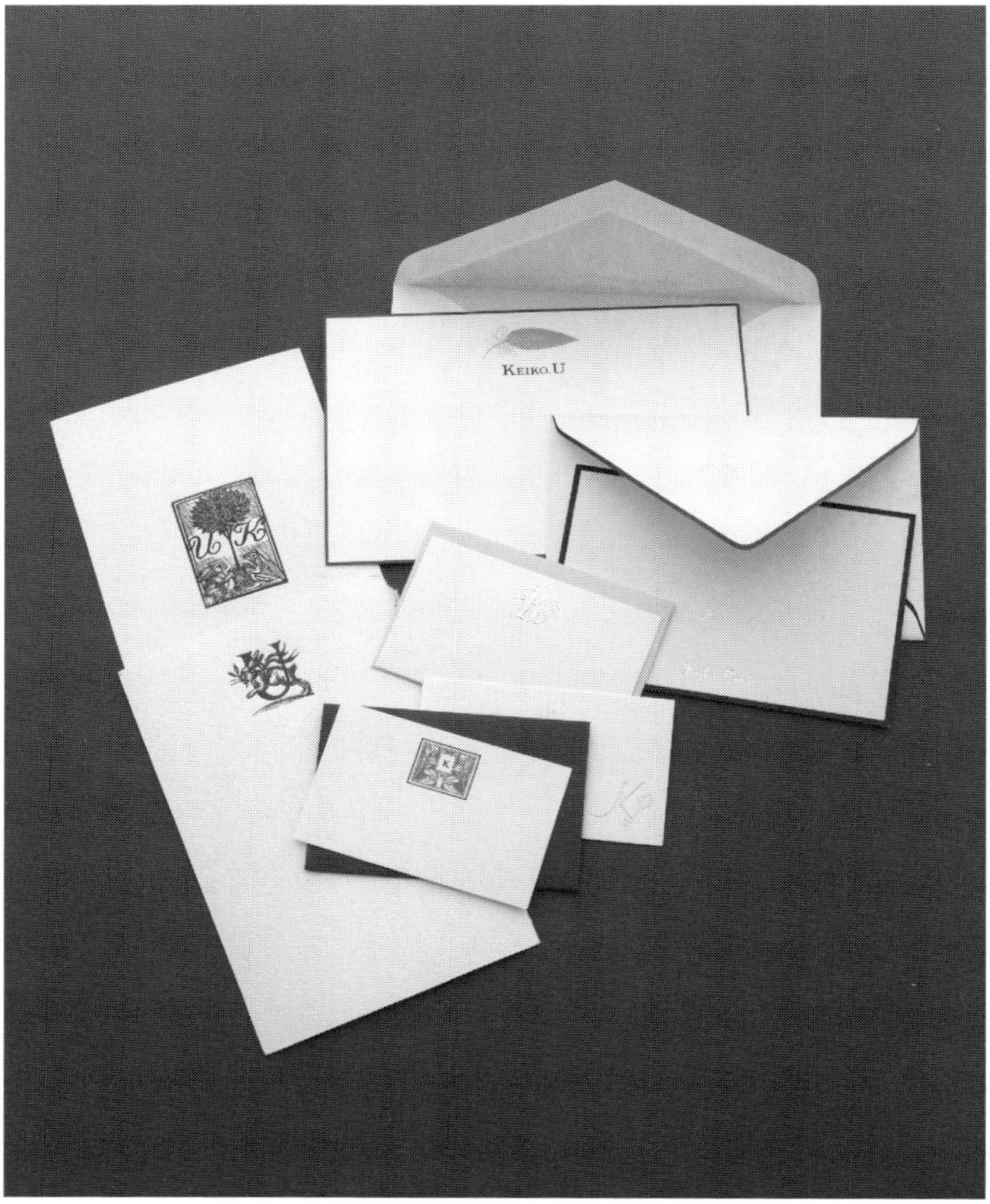

手書きのメッセージをセンスよく

名入りのカードや便せんなどは、美しいデザインのものを見つけてはオーダーしています。文章を書くスペースが小さいほうが、届けたいひと言がストレートに伝わります。右上のカードは、ラ・カルタのもの。ラ・カルタ　☎03-5795-2642（すべて私物）

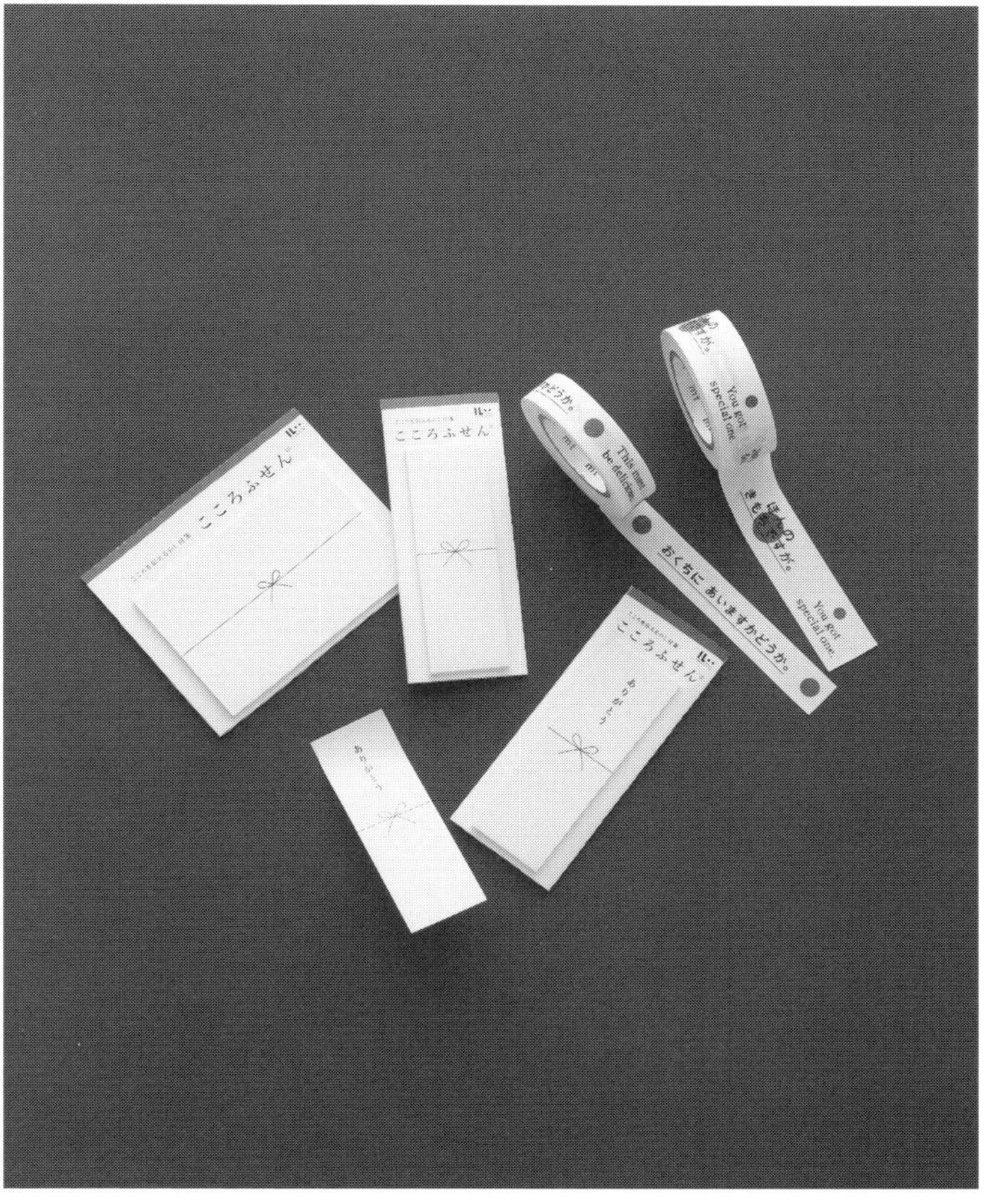

ちょっとした遊び心を大切に

手みやげに使えそうな文房具も便利です。「こころふせん©」はのし紙をイメージしたもの。「おこころテープ」には、「ほんのきもちですが。」「おくちにあいますかどうか。」と印字されています。どちらもプチプラスイーツにぴったり。(ともに私物)

特別な機会には最高の演出を

出版記念パーティで、丹波ワインとバビの「ヴィエネッズィ」のオリジナルラベルが大評判に。「ヴィエネッズィ」のオリジナルラベルは、１セット1000円で100セットからオーダー可能。丹波ワイン ☎ 0771-82-2003 バビ 0120-106-355（すべて私物）

裏地流

粋な手みやげルール

手みやげをおもちする際に、気になるのがマナーです。

「こんなときには、こうすべき」という一定のルールはたしかに存在します。だけどその「こうすべき」も、地域や世代などによって異なることも事実です。私自身はマナーの専門家ではありませんので、正直なところ正しいマナーを知っているわけではないんです。いや、むしろ心もとない部分だってあります（笑）。

私が心がけているのは、スイーツで人とご縁を結ぶこと。正しい贈り物のマナー、非の打ちどころのない作法で人と接することよりも、美味しいお菓子を形式ばらずに贈ることで相手に喜んでいただき、私自身に好感をもっていただけたらと思っています。マナーの誤りを指摘されれば謙虚に反省し、改めるべきところは改めますが、どんなときにも、正しいふるまいが最優先と気を張っているわけではないんです。それぱかり気にしていたら、贈ることと自体をためらってしまうかもしれません。それでは、ご縁を結び損ねてしまいます。

私がここでお話しするのは、あくまで私のやり方です。「正しいマナー」

ではなく、等身大のマナー。どう振る舞うかは、相手との関係性にもよりますし、場の雰囲気によっても変わります。ですから、どうぞ参考になさったうえで、自分らしいやり方を実践してくださいね。実際、それぞれの場では臨機応変な態度が求められますから、ルールに縛られず柔軟に対応するほうが、評価が高いことも事実です。

贈り物をするときに「このやり方で合っているかしら？」と気になるようでしたら、周囲の人に相談したり、自分で調べるのもいいですが、あまり萎《い》縮《しゅく》しすぎないで。もし、失敗したかな、と思ってもクヨクヨしないこと。心のこもった贈り物は、決して相手の気分を悪くするものではありません。喜んでいただける手みやげを用意できていれば、少しくらいの失点はカバーできますよ。

ルール1　手みやげを渡すタイミングは？

ご自宅に招かれたときは、玄関先ではなくお部屋に通されてから手みやげをお渡しすることが礼儀とされていますが、私自身、毎回そうしているかと言われると、そうでもありません。

たとえば、ホームパーティに招かれたとき、ホストが準備でいっぱいいっぱいのようなら、「○○をおもちしたので、ここにおいておきますね」とひと声かけるだけでいい場合もありますし、夏に冷たいアイスをおもちしたときなどは、溶けるといけないので、玄関先でお渡しして、すぐに冷凍庫に保管するようお願いします。もちろん、それを「失礼だ」と感じる方もいるのかもしれません。そこはケースバイケースですから、最初から「正解」はないと思っていたほうが気がラクですね。また、外でお会いする際に手みやげを用意した場合は、会ってすぐよりも別れ際のほうがスマートです。

このように、手みやげを渡すタイミングは、状況によって何がベストかは変わります。基本のルールを理解したうえで、臨機応変にふるまうことが大切ですね。

ルール2 手みやげを渡すときの言葉は?

これまでにもお話ししましたが、私は手みやげを渡すときに、「つまらないものですが」という言葉を添えることはありません。それでは、せっかくその方のために心を込めて選んだことが伝わらず、ただのご挨拶の品になってしまいます。

私はいつも、自分がそのスイーツを大好きだということを積極的に伝えます。たとえば、故郷のお菓子なら、「小さな頃から大好きで、何十年も食べ続けているお菓子です!」というように。また、朝からお店に並んで手に入れたスイーツなら、「今日10時から並んだんですよ」、話題のスイーツなら、「これ、ご存じですか? いまとても話題になっているんです」とお伝えすることも。

最初から上手に説明できなくてもいいんです。まずは実感を込めて、「大好きなんです」「とっても美味しいんです」と伝えること。そのうえで、「気に入っていただけるといいのですが」と言葉を添えてもいいですね。受けとった方はきっと、スイーツに期待をもつと同時に、贈った人の誠実さに好意を抱いてくださいます。それがご縁結びにつながるのだと思います。

ルール3 手みやげは毎回お店まで買いにいくべき？

手みやげは、用意が意外と大変ですね。手に入りやすいものばかりではありませんから、多忙な時期は、買いにいく時間がなかなかとれないこともあります。そんなときは、お取り寄せを利用しましょう。かつては、きちんと期日までに届くのか、箱や中身に不備がないかと不安になったものでしたが、最近はそういう心配はほとんどなくなりました。お店によっては発送までに時間がかかるので、ある程度日数に余裕は必要ですが、お店に足を運ぶ必要がないだけでもずいぶんとラクです。さらに私は、ホームパーティに招かれたときや夏にアイスを手みやげにする際には、相手に確認したうえで、ご自宅に直接届くよう手配することがあります。そのほうがパーティの準備がしやすいですし、アイスも美味しく食べられますから合理的です。

取り寄せたものを手みやげとして持参する場合は、できれば余分にひとつオーダーして、おもちする前に箱や中身の状態を確認し、自分で試食してみると安心です。お渡しする前に、美味しさを実感することも大切ですから。

お取り寄せを上手に活用すれば、手みやげのハードルはぐっと下がりますよ。

ルール4　入院時の手みやげで喜ばれるのは？

私がこれまでおもちしたもので喜ばれたのは、カットフルーツです。フルーツ専門店などで売っているような、少量ずつカップに入ったもの。丸ごとのフルーツはナイフを使ったり水で洗う必要があったりして手をわずらわせたり、一度で食べきれないこともありますが、カットフルーツならそんな心配が不要です。

また意外と喜ばれるのは、ペットボトルのミネラルウォーター。５００mlよりもっと小さな、飲みきりサイズがおすすめです。５００mlだと一度で飲みきれないことがほとんど。冷蔵庫が近くにないと、飲み残すのは少し抵抗がありますから、小さなサイズのペットボトルというのがポイントです。飲食物以外では、ウェットティッシュやハンドクリームもおすすめ。ウェットティッシュは個包装になった厚手で香りのいいものをどうぞ。ハンドクリームも香りのいい上質なものが喜ばれると思います。

ただし、ご本人の病状や冷蔵庫の有無、飲食物のもち込みについての規則など病院側の態勢によって、もち込めるものが限られる場合もありますから、事前の確認をおすすめします。

ルール5 いただきものにお礼状を出すべき?

自宅に届いた場合や自分が直接受けとれなかった場合は、出したほうがいいですね。ただし、はがきでかまわないと思います。一般的にははがきは略式とされていますが、「封書でなくては」と思うあまり、なかなか書き始められなくて結局出せなかった、という経験がありませんか?　私は贈り物が届いたら、すぐに送り状だけをとりはずし、その場ではがきに宛名を写して、切手を貼ってしまいます。こうするともう出さないわけにはいきません(笑)。

次に内容ですが、私はまず「届きました」「ありがとうございます」と伝えます。つまり贈ってくださった気持ちに感謝をして、お礼を述べるんです。食べてから感想を伝えなくては、と思っていても、日もちのするものなら、すぐに食べない場合もありますよね。そうこうしているうちに、お礼状を出すタイミングを逸してしまいます。相手も無事に届いたかどうかが気になっているはずです。そのことをなるべく早く伝えるようにしましょう。

お会いして受けとった場合については、次のページでお話しします。

ルール6

手みやげのお返しはどうする？

手みやげをお渡ししたときにもっとも嬉しいのは、相手が目の前で喜んでくれることです。一生懸命、相手のことを思って選んだものなら、嬉しさもひときわ。ですから、私も手みやげをいただいたときには、その場で精一杯感謝の気持ちを伝えるようにしています。それさえできていれば、あとでお返しをしたり、お礼状を出したりする必要は特にないのでは？　今度、自分がお伺いすることになったら、相手がしてくれたように、その人のことを思って素敵なスイーツを選ぶようにしてくださいね。それで十分ではないでしょうか。

ただし、その場で包みを開けられなくて、気持ちをうまく伝えられなかったときは、お礼状を出しましょう。また受けとった手みやげが、予想外に立派なもの、高価なものだった場合は、お返しが必要なこともあります。たとえばご挨拶がわりの手みやげではなく、お祝いなどを兼ねたものだった場合です。そのときは贈答のマナーに従って、お返しをするようにしてください。

ルール7 手みやげをおもたせで出すべき？

これは、もってきてくださったスイーツにもよりますね。日もちのしない生ケーキやアイスクリームなどでしたら、「一緒に食べましょう！」という気持ちの表れのように思いますし、パウンドケーキを2本いただいた場合には、1本をお出しして、1本を家族用にとっておくこともあります。

だけど一番いいのは、ご本人に確かめること。受けとったときに「召し上がりますか？」と軽い雰囲気でお聞きするんです。「ぜひ！」「いいのですか？」と言われたら、すぐにお出ししましょう。「いえいえ。ご家族でどうぞ」と言われたら、「では、ありがたくちょうだいします」と言って引きとります。

戸惑うのは、その手みやげを出そうとして、それが自分の好みでないと気づいたとき。これは、相手との関係にもよりますが、私は親しい人なら、「ごめんなさいね。私、これは少し苦手なの」と伝えます。必ず「お気持ちは、とっても嬉しいわ！」と言葉を添えて。そのほうが長い目で見て、お互い誤解がなくいい関係になれますよ。

ルール8 手みやげは毎回違うものにするべき？

初めてお会いする場合は、どんなものを喜んでくださるかがわかりませんから、自分なりに考えたうえでの「ベスト」を手みやげにしますが、次にお会いするなら、積極的に前回の経験を生かしましょう。もし前におもちしたものを相手がとても喜んでくださったなら、再度それをおもちしてもいいと思います。私も同じ方に二度、三度と続けて同じものを手みやげにすることも。そうすることで相手も、私と言えば、そのスイーツという印象が深まりますし、「今日は裏地さんが来るから、◯◯をもってきてくれる」と期待してくださるようにもなります。それはそれで楽しいもの。

ですから、初めておもちしたときに、相手の反応を観察しておくことが大切ですね。心から嬉しそうな様子なら、私は「喜んでいただけてよかった！　次もこれをおもちしますね」とその場で言うようにしています。また何度か続いたら、事前に「今度も、〝いつもの〟でよろしいですか？」と確認することもあります。手みやげは目新しさばかりではなく、「定番」として同じものを渡すやり方もあると思っています。

おわりに

手みやげは、人と人をつなぐコミュニケーションツールのひとつです。スイーツを贈ることは、相手の笑顔を見たくて、〝口福〟をお届けしているような気がします。贈る人も贈られる人もスイーツを通して〝口福〟な気分になれて、ハッピーの輪がどんどん広がっていくからです。

そのためにも、ご縁を結んでくれる手みやげスイーツを楽しんで選ぶこと。そして、心から喜んでいただくためには、思いやりと想像力が必要です。

ありがたいことに、これまでも、私がセレクトした「もの」を紹介するエッセイ本を世に送り出すことができました。この『贈る心得。ご縁結びのスイーツ』は、著書としては7冊目になります。ギフトコンシェルジュとして、「ギフト＝贈り物」をもっと日々の暮らしのなかで楽しんでもらえたら、人間関係も豊かになるのに……という思いで、この本を書きました。

だから、今回はおすすめスイーツの紹介だけでなく、「心を伝える贈り方」を詳しく解説しました。私のこれまでの手みやげ経験の集大成です。ぜひ上手に活用して、大切な方と素敵なご縁を結んでいただければ、嬉しく思います。手にとって読んでいただき、ありがとうございました。

2014年11月吉日　裏地桂子

感謝を込めて

この本は、たくさんの方のご尽力により出版できました。今回、女性誌の『MISS』（世界文化社）で掲載した記事を一冊の本にまとめるにあたり、新たに追加撮影もしましたが、巻頭の〝ピンクスイーツ〟はカメラマンの原務さん、連載「裏地桂子の美人な手みやげ」（カメラマン日置武晴さん、スタイリスト千葉美枝子さん）の写真を多数使用しています。私好みのブックデザインを手がけてくださったデザイナーの内藤美歌子さん、インタビューを繰り返し、素敵な文章を執筆してくださったライターの今泉愛子さんほか、この本に関わってくださったすべての方に、この場を借りて心からお礼申し上げます。ありがとうございました。

INDEX

500円未満

八木治助商店の「す昆布」108円 …… p43
西岡菓子舗の「つるの子」145円 …… p59
藤江屋分大の「めで鯛もなか」162円 …… 口絵 p4
志゛満ん草餅の「草柏」175円 …… p51
しろたえの「シュークリーム」180円 …… p83
オザワ洋菓子店の「イチゴシャンデ」180円 …… p111
芋屋金次郎の「芋けんぴ」210円 …… p43
ラ・リューシェの「スティック グラッセ」220円 …… p71
和光の「どら焼き」259円 …… p99
とらやの「小形羊羹」260円 …… p99
セバスチャン・ユベールの「マカロン」280円 …… 口絵 p8
マッターホーンの「バウムクーヘン」300円 …… p91
鳴海屋の「あられ茶漬け」356円 …… p110
塩野の「花衣」370円 …… 口絵 p1
サン・フルーツの「フレッシュゼリーレモン」378円 …… p79
菓子屋艶の「焼きプリン 南瓜」380円 …… p27
グーテ・ド・ママンの「キャラメルプディング」410円 …… p86
フェアリーケーキフェアの
「ストロベリーチーズケーキ」430円 …… 口絵 p6

500円以上1000円未満

コノミの「プラリネ」500円 …… p106
フィオレンティーナ ペストリー ブティックの
「イチゴメレンゲ」518円 …… 口絵 p7
オーボンヴュータンの「バアルブ ア パパ(フレーズ)」540円 …… 口絵 p7
クロッシェの「京あめ」540円 …… p103
粉を味わうパイ専門店 こねりの「こねりチョビ」648円 …… p34
丸八製茶場の「加賀棒茶」648円 …… p110
ラ・メゾン・デュ・ショコラの「エクレール」675円 …… p22
ラ ヴァチュールの「タルトタタン」690円 …… p71
ピエール・エルメ・パリの「ミス グラグラ イスパハン」756円 …… 口絵 p8
粉を味わうパイ専門店 こねりの「ディップ」756円 …… p34
鍵善良房の「菊寿糖 紅白」840円 …… 口絵 p5
ラデュレの「ルリジューズ ローズ・フランボワーズ」864円 …… 口絵 p3

1000円台

とらやの「兎饅」1080円 …… 口絵 p2
ラ・パティスリー・デ・レーヴの「ミルフィーユ オ フレーズ」1080円 …… 口絵 p6
末富の「京ふうせん」1080円 …… p39
パティスリー エール オクサワの「プチフール」1180円 …… p34
武蔵屋総本店の「蛤志るこ」1194円 …… p39

言問団子の「言問団子」1260円 …… p38
エーグル ドゥースの「ケーク ケベコワ」1296円 …… p35
晒よし飴本舗市場家の「晒よし飴」1296円 …… p75
ミッシェルバッハの「夙川クッキーローゼ」1450円 …… p70
とらやの「雛井籠」1610円 …… p50
エーグル ドゥースの「ケーク オー シシリアン」1944円 …… p35

2000円台

塩野の「クリスマスセット」2000円 …… p27
バビの「ワッフェリーニ ピスタチオ」2052円 …… p23
マリベルの「ブルーボックス シグネチャーコレクション」2268円 …… p22
近江屋洋菓子店の「フルーツポンチ」2592円 …… p79

3000円台

ケンズカフェ東京の「特撰ガトーショコラ」3000円 …… p74
ゼリーのイエの「デコレーションモアリッチ」3240円 …… p35
紫野和久傳の「れんこん菓子 西湖」3294円 …… p38
緑寿庵清水の「玉あられの金平糖」3672円 …… 口絵 p5
上菓子岬屋の「白小豆仕立水羊羹」3672円 …… p75

4000円台

さかぐちの「京にしき」4320円 …… p90
モエ・エ・シャンドンの「ロゼ アンペリアル」4428円 …… p111

5000円以上

ピュアココ・トーキョーの「ピュアココ」5150円 …… p23

ビーンズナッツの「ナッツスナック」5400円 …… p47

お菓子のハタダの「大吟撰 御栗タルト」5400円 …… p63

ジャン=ポール・エヴァンの「ボワットゥ ショコラ 18個」6148円 …… p19

［ 口絵p1 ］

塩野の「花衣」
優しい桜色のういろう生地は、まるで桜の花びらのよう。
中は上品な甘さの黄身あんです。370円（1個）
●東京都港区赤坂2-13-2　☎03-3582-1881　取り寄せ可
※3月5日～4月15日の期間限定販売。

［ 文中、章扉で紹介した商品の問い合わせ先 ］

1.末富の「野菜煎餅」（p49）
1620円（9包入り）
☎075-351-0808

2.N's Kitchen**&laboの「メレンゲ」
（p17、55、67、93、113、127）
120円（2個）
http://nacchi0605.exblog.jp

3.たちばなの「かりんとう（さえだ）」（p92）
1400円（丸缶小）
☎03-3571-5661

4.福砂屋の「フクサヤ キューブ」（p104）
270円（1個）
www.castella.co.jp

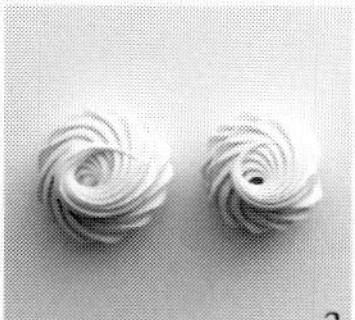

2

1

4

3

裏地桂子 うらじ・けいこ

ギフトコンシェルジュ。クリエイティブコーディネーター。草月流師範。1996年より、『Grazia』『婦人画報』『メイプル』などの女性誌でライター、コーディネーターとして活躍。衣食住ライフスタイル全般に精通し、食通、きもの好き、京都好きでも知られる。現在は企業やショップの商品企画、商品セレクション、プロデュース、ブランディングなどを数多く手がけている。個別指導の「草月流師範・裏地桂子のいけばな教室」を主宰。著書に『もの、好き。衣食住をセンスよく楽しむ心得』(講談社)、『ほめられきもの宣言』(小学館)ほか多数。

取材・文	今泉愛子		
ブックデザイン	内藤美歌子(VERSO)		
撮影	原 務	……	口絵 p1、2、3、4、5、6下、7、8
	日置武晴	……	本文 p22右、34右、35、38、39、43、50、51、59、63、70、71、74、75、79左、86、91
	浜村菜月	……	p143
	青砥茂樹(本社写真部)	……	口絵 p6上、本文19、22左、23、27、34左、47、79右、83、90、99、103、106、110、111、123、124、125、126、143
スタイリング	郡山雅代	……	口絵 p2-8
	千葉美枝子	……	口絵 p1、本文

本書は世界文化社より刊行された『MISS』の連載
「裏地桂子の美人な手土産」ほかに加筆、改筆し、再編集したものです。

贈《おく》る心《こころ》得《え》。 ご縁《えん》結《むす》びのスイーツ

2015年1月15日　第1刷発行
2015年2月25日　第2刷発行

著　者　裏地桂子《うらじけいこ》

発行者　鈴木 哲
発行所　株式会社 講談社
〒112-8001 東京都文京区音羽2-12-21
電話(編集部)03-5395-3527
(販売部)03-5395-3625
(業務部)03-5395-3615
印刷所　慶昌堂印刷株式会社
製本所　株式会社国宝社

ISBN978-4-06-219319-1